La Brique

L'or rouge du Midi To

Sandrine Banessy

À nos enfants, chacun brique unique et essentielle à l'édification de nos familles et de notre avenir, avec mes pensées affectueuses pour Victor, Charles, Paul, Louis et Simon Magron, Madeleine Banessy.

À tous ce qui nous ont aidés, guidés et soutenus dans nos recherches, un grand merci pour le temps qu'ils nous ont consacré et pour les précieux documents mis à notre disposition, et tout particulièrement
Jean-Pierre Barthe,
Chantal et Jacques Blanc-Pratmarty,
Jérôme Bonhôte,
Bernard et Jérôme Capelle,
Claude Sarrail,
le musée Saint-Raymond,
et le Service Régional de l'Inventaire
de la D.R.A.C. de Midi-Pyrénées.

Immeuble Octogone
Rue Max Planck
BP 728
F - 31683 LABÈGE CEDEX
Tél. 33 (0)5 62 88 36 79
Fax 33 (0)5 61 39 24 62
tme.editions@wanadoo.fr
www.tme-editions.fr

ISBN 2-915188-04-1

Texte
Sandrine Banessy

Maquette
Jean-Luc Servant

Traduction
Myrem

Photographie
Jean-Jacques Germain
sauf mentionnées page 92

Photogravure
Tourisme Médias Éditions

Ce livre est offert à

....

par

....

Toulouse ville rose, oui mais pourquoi et depuis quand? D'où vient la différence entre la brique du Midi Toulousain et celle du nord de la France? Depuis quand utilise-t-on la brique dans la région? Qu'est ce que le paillebart, une foraine, une brique verte? Tous les toits de France, d'ardoise, de zinc ou de tuile sont plats, pourquoi la tuile canal a-t-elle cette forme si particulière? Comment fabrique-t-on les briques et d'ailleurs, à qui en doit-on l'invention? Quelle est l'origine de sa forme? Pourquoi une brique devient-elle rouge, jaune, orangée ou grise à la cuisson? À quelle époque sont apparues les maisons dites *toulousaines*, si prisées de nos jours?
Ni traité d'architecture, ni ouvrage technique, ce livre, largement illustré, vous contera les liens essentiels qui unissent l'homme à la terre en répondant à ces simples questions et beaucoup d'autres qui nous paraissent si évidentes, mais dont on méconnaît souvent les réponses. Une façon originale de découvrir ou mieux connaître une part essentielle de notre patrimoine.

«Toulouse the pink city», yes, but why and since when ? Where does the difference between the brick of the Midi Toulousain and the brick in the north of France come from ? Since when has brick been used in the region ? What is the paillebart, a foraine, a green or unfired brick? All the roofs in France - slate, zinc or tiles - are flat, why the Roman tile with this particular arched shape? How are bricks made and besides, who invented them? What is the origin of its shape? Why does a brick become red, yellow, orange-coloured or grey on firing? At what date did the houses referred to as «toulousaine», so valued today, appear ? This book, which is neither an architectural compendium nor a technical work, widely illustrated, will explain the essential links which unite Man to the earth by replying to these simple questions and many others which appear to us so obvious but where often we fail to recognize the answers. An original way to discover or to better understand an essential part of our heritage.

Ancien four à briques,
Blagnac,
Haute-Garonne

Sommaire

Glaise originelle

Glaise originelle

Original potter's clay

Mythe universel

« Dieu pétrit l'argile et créa l'homme, et l'homme pétrit l'argile et créa sa civilisation ». Se baissant pour ramasser la terre et la façonner, l'homme reproduit ainsi à l'infini le geste primordial qui présida à sa propre genèse. Dans la Bible il est dit que Dieu souhaitant créer un homme à son image « modela l'homme avec la glaise du sol, et il insuffla dans ses narines une haleine de vie et l'homme devint un être vivant… ». La Chine antique rapporte que Nuwa modela avec application les premiers hommes à l'aide d'argile jaune, puis, lassée par la tâche, avec de la simple boue, créant ainsi les nobles et les gens du peuple. Dans la mythologie grecque, le titan Prométhée, alliant l'eau et la terre, moula le premier homme et Athéna lui insuffla une âme. Les exemples sont multiples de ce mythe quasi universel des dieux qui, d'une simple boule de terre, façonnent et donnent vie à l'homme. Ainsi sa vie liée à la glèbe ne peut prétendre à l'immortalité et il se doit d'accomplir sans relâche les tâches qui lui sont assignées.

Les liens de l'homme avec l'humus primordial sont profondément inscrits dans son héritage depuis la nuit

La Création de l'homme, école française XVIIe siècle, Musée du Louvre, Paris

« The Creation of Man », 17th Century French School

Universal myth

«God kneaded the clay and created Man, and Man kneaded the clay and created Civilization». Bending down to gather up the earth and shape it, in this way Man reproduced ad infinitem the absolute essential gesture which governed his own genesis. In the Bible it is said that God, wishing to create a Man as a reflection of himself «...fashioned the man with clay from the ground, blew a breath of life into his nostrils and the man became a living

La Création de l'homme
marbre,
époque romaine
impériale
Musée du Louvre,
Paris

«The Creation of Man»,
Marble,
Imperial Roman times

des temps. Matrice universelle qui émerge du chaos et des eaux, de la terre féconde jaillissent tous les êtres dont elle assumera la nourriture. À elle encore, toutes vies retournent à la fin de leur cycle. En son sein elle abrite ainsi les enfers et démons, les choses cachées et souterraines, aussi inquiétantes et magiques que le mystère de la vie. « Terre promise », « terre sainte », pour les Chrétiens, « terre pure » pour les Japonais ou « terre noire » pour les Égyptiens, toutes les quêtes d'absolus convergent vers une terre d'aboutissement. Terre de fin, la « grande mère » ou Gaïa est aussi terre natale où l'on vient se ressourcer, où l'on vient se gorger de son inépuisable énergie tellurique, à l'instar du géant grec Antée. La puissance des dieux antiques était souvent inscrite dans la glèbe de leur territoire. Si leurs adorateurs se déplaçaient, ils emportaient avec eux la terre d'origine pour s'assurer de leur protection. Même les démons souscrivent à ce rite et Dracula

being...». Ancient China relates that Nuwa modelled the first men with great care using yellow clay, then bored by the task with just ordinary mud, in this way creating nobles and the hoi polloi. In Greek mythology, the colossus Prometheus, uniting water and earth, fashioned the first Man and Athena instilled a soul. There are many examples of this almost universal myth of Gods who, from just a lump of earth, fashioned and gave life to Man. In this way his life linked to the earth cannot aspire to immortality and he must keep on accomplishing relentlessly the tasks which he has been given.

The links of Man with the essential primal humus are deeply embedded in his heritage since the mists of time. Universal matrix which emerges from the chaos and the waters - from the fertile ground spring all the beings whose food it will assume. To the ground once again, all lives return at the end of their cycle. In its heart, in this way it shelters the hell and demons, the hidden and underground things as worrying and magic as the mystery of life. «The promised Land», «the Holy Land», for Christians, «the pure Land» for the Japanese or «the Black Land» for the Egyptians, all the quests for absolutes converge towards a land of result. Land of culmination, the «Grandmother» or Gaïa is also the native land where one comes to recharge the system, where one comes to fill oneself with its inexhaustible telluric energy, following the example of the Greek giant Antee. The power of the ancient Gods was often written in the glebe of their territory. If their worshippers moved around, they took with them the earth of their origin to ensure their protection. Even the demons subscribe to this rite and Dracula was

Prométhée modela les hommes avec la terre mêlée d'eau et Athéna leur insuffla une âme. Puis il leur apprit le travail, les sciences et les arts. Mais Zeus, las de ne pas voir ces hommes l'honorer autant qu'il le souhaitait, décida de les priver du feu. Profitant de la nuit, Prométhée n'hésita pas à défier le roi des dieux pour ramener le feu aux hommes. Pour cela il subit de longues années le supplice de son foie chaque jour dévoré par un aigle immense.

Prometheus modelled men with earth mixed with water and Athena blew in a breath of life. Then he taught them work, science and the arts. But Zeus, tired of not seeing these men honour him in the manner he wished, decided to deprive them of fire. Under cover of night, Prometheus did not hesitate to defy the King of the Gods in order to bring back fire to the men. For this for many long years he was subjected to the torture of his liver every day being devoured by an enormous eagle.

Glaise originelle

n'échappe pas à la règle, transportant dans son cercueil la terre de son château. Les lieux de pèlerinage s'inscrivent dans la même certitude et perdurent, en un lointain écho de ces rites ancestraux. L'homme s'attachera très tôt à renouveler le mystère de la création, et taillera dans le bois, la pierre, le marbre une représentation de son image sans jamais, quelle que soit la pureté de son œuvre, arriver à réitérer le miracle. Les alchimistes s'y essayèrent et l'on raconte qu'au XVIe siècle à Prague, aidé de la Kabbale, Rabbi Lœw façonna le Golem, être de boue grossièrement formé, animé par une amulette, réplique imparfaite du souffle divin. Mais n'est pas démiurge qui veut. Et la créature imparfaite eut tôt fait d'échapper à son maître et de semer sang et désolation au lieu d'être au service de l'humanité, objet de sa conception. Depuis plus de quatre cents ans, cet étrange conte continue d'effrayer les mortels parfois dépassés par leurs propres créations. Mais ils réussirent à s'approprier l'argile pour un tout autre usage. De leurs mains naquit la première invention et surgit de la terre informe le parallélépipède au nombre d'or avec lequel ils bâtirent les civilisations, la brique.

Une brève histoire de l'habitat

Selon la légende babylonienne, le dieu Nardouk créa la terre, les eaux, la vie et ensuite « il posa une brique, il fabriqua le moule à brique, il construisit la maison, il bâtit la ville… ». D'une pincée d'argile, il créa le dieu de la brique, Koulla, et le chargea d'entretenir et de restaurer les temples. Selon les recherches

no exception to the rule, taking the earth from his castle in his coffin. Places of pilgrimage are etched in the same certainty and continue in a far-off echo of these ancestral rites.

Man was to become attached very early on to renewing the mystery of the Creation, and carving in wood, stone and marble a representation of his image without ever, whatever the sanctity of his work, being able to reiterate the miracle. The alchemists tried and it is related that in the 16th century in Prague, helped by the Cabbala, Rabbi Lœw fashioned a golem, being in mud roughly shaped, animated by an amulet, imperfect replica of the Divine breath. But it is not the demiurge who wishes. And the imperfect creature did not take long to escape from his

La première invention de l'humanité est la brique, parallélépipède au nombre d'or, avec lequel les hommes bâtirent les civilisations.

The first invention was the brick, the golden number cube with which humanity built civilizations.

La brique crue apparut au nord de l'Iraq vers 7 000 av. J.-C. Son usage se généralisa au IIIe millénaire avant notre ère sur tous les continents.

The first buildings in green or air-dried bricks appeared in the north of Iraq, around 7000 BC, then in Mesopotamia and in the third millennium BC the use of brick became usual. It was to be found on all the continents.

archéologiques, l'invention de la brique nous vient bien du croissant fertile, entre le Tigre et l'Euphrate. Révolution majeure dans l'histoire des hommes, comme plus tard l'écriture inventée au même endroit, la brique est le symbole de l'habitation en dur, fixée dans le sol, virage décisif pour des hommes jusque-là nomades. Longtemps les chasseurs-cueilleurs de la préhistoire, migrant au rythme des saisons et des déplacements des grands troupeaux, se contentèrent des abris qu'offraient les grottes et autres renfoncements naturels. Puis ils construisirent des campements provisoires de plus en plus élaborés, tirant parti des ressources naturelles des terrains de chasse où ils s'arrêtaient. La maison s'ébauche avec les premières

master and to sow blood and desolation instead of being at the disposal of humanity, the object of its conception. For more than four hundred years, this strange tale continues to frighten mortals, imperfect beings sometimes overcome by their own creations. But they succeeded in appropriating clay for an entirely different use. The first invention was born from their hands and from the shapeless earth sprang up the golden number cube, the brick, with which they built civilizations.

A short history of habitat

According to the Babylonian legend, the god Nardouk created the earth, the waters, life and subsequently « ... he placed a brick, he made the brick mould, he built the house, he built the town…». From a handful of clay, he created the God of the brick, Koulla, and instructed him to maintain and restore the temples. According to archaeological research, the invention of the brick indeed comes to us from the fertile crescent between the Tigris and the Euphrates. Major revolution in the history of Man, as accounts later invented at the same place, the brick is the symbol of the solid dwelling, fixed in the ground, decisive turning point for men, up until then nomads. For a long time the hunters - gatherers of the pre-history, seasonally peregrinators and movements of large herds, were content with the shelter given by grottoes and other natural recesses. Then they built more and more elaborate temporary encampments, taking advantage of the natural resources of the hunting grounds where they set up. The house was sketched out with the initial mammoth frames of defence assembled and covered with animal

Chaque civilisation développe une architecture originale, dépendante de son rapport aux dieux et à l'univers qui l'entoure.
Casbah,
Maroc

For its owner, each house became the centre of the world and its architecture dependent on the relation between man and the universe and the protecting Gods.

charpentes de défenses de mammouth assemblées et couvertes de peaux de bêtes. Mais le véritable écrin de la famille apparaît avec la sédentarisation.

Devenu cultivateur, l'homme s'installe et construit avec les matériaux immédiats de son lieu d'implantation. Avec les joncs ou la terre, le bois ou la pierre, il faut créer un lieu adapté à l'environnement, résistant aux contraintes climatiques, aux prédateurs et, fait nouveau, à l'usure du temps. Avec la propriété apparaît le foyer, représentatif de la famille et transmissible de génération en génération. De simple paille ou de bois construite, au feu et au vent la maison ne résistera pas

skins. But the real milieu of the family appeared with settling down.

Man, having become grower, installed himself and built with materials in the immediate vicinity of his place of installation. With rushes or earth, wood or stone, a place adapted to the environment had to be created, resisting climatic constraints, predators and - a new factor - wear and tear over time. With ownership appeared the household, identity of the family and transmissible from generation to generation. Built from just straw or wood the house will not resist fire and wind but erected in brick as

mais de brique érigée, comme dans le conte des Trois petits Cochons, elle supportera tous les assauts. Les premiers bâtiments de brique crue apparurent au nord de l'Iraq, vers - 7000 av. J.-C., puis en Mésopotamie, 1 000 ans plus tard. La Syrie, le Liban, l'Égypte, le Soudan adoptèrent progressivement ce nouveau matériau et au IIIe millénaire avant notre ère, l'usage de la brique est généralisé. On la trouve sur tous les continents, du Moyen-Orient à l'Amérique du Sud. Les huttes rectangulaires se regroupent, les premières villes émergent et s'organisent en quartiers spécialisés. Chaque maison devient pour son propriétaire le centre du monde et son architecture est dépendante du rapport de l'homme à l'univers et aux dieux qui l'entourent. Par exemple, la maison carrée fixera dans le sol l'orientation spatiale des pièces, ce à quoi se refusent les yourtes rondes des Mongols, qui se positionnent autour d'un axe, réminiscence du nomadisme. Si les fenêtres de nos habitations s'ouvrent vers l'extérieur, la maison arabe préfère s'organiser autour de son jardin intérieur, évocation du paradis perdu. Quelle que soit sa forme, l'habitat s'ancre dans le sol et tend vers le ciel. Avec la brique, les hommes peuvent construire des monuments et temples illustrant ce double symbolisme. Fort de ce pouvoir, ils décidèrent de dresser le premier et le plus emblématique de tous, la tour de Babel, « la porte de Dieu ». Immense pyramide à degrés, dont on attribue à Nemrod l'initiative, cette ziggourat devait servir de passerelle entre les hommes et le firmament. Selon la Bible, cet incroyable projet fit trembler Yahvé. Craignant la réussite de ce chantier titanesque,

in the tale of the three little piggies, it will resist all assaults. The first buildings in green or air-dried bricks appeared in the north of Iraq, around 7000 BC, then in Mesopotamia 1,000 years later. Syria, the Lebanon and Egypt, then the Sudan adopted this new material progressively and in the third millennium BC the use of brick became usual. It was to be found on all the continents, from the Middle East to South America. The rectangular huts grouped together, the first towns emerged and were organized into specialized districts. For its owner, each house became the centre of the world and its architecture dependent on the relation between man and the universe and the protecting Gods. For example, the square house will anchor in the ground the spatial orientation of the rooms, which is not the case of the round yurts or tents of the Mongols, which are placed around an axis, reminiscent of Nomadism. While the windows of our houses open towards the outside, the Arab house prefers to organize itself around its interior garden, recalling the lost paradise. Whatever its shape, the habitat is anchored in the ground and reaches towards the sky. With the brick, Man can build monuments and temples illustrating this twin symbolism.

Strengthened by this power, they decided to erect the first and most emblematic of all - the Tower of Babel, «the door of God». Immense stepped pyramid, the initiative being attributed to Nemrod, this ziggurat or stepped tower was intended to serve as bridge between Men and the firmament. According to the Book of Genesis, this incredible project made Yahweh tremble. Fearing the success of this gigantic site «... now there will be no plan

« maintenant aucun dessein ne sera irréalisable pour eux… », il préféra confondre leurs langages et les disperser sur la terre. Défi humain ou symbole d'orgueil, qu'importe, la brèche est ouverte. Nombre de prouesses architecturales sont de briques assemblées, comme les premières pyramides en Égypte, la grande muraille de Chine, l'immense dôme de la basilique Sainte-Sophie à Constantinople, la monumentale cathédrale Sainte-Cécile à Albi. Les civilisations « aux ailes de briques » possèdent avec ce simple matériau, de terre cuite ou crue, d'argile jaune, rouge ou grise, recouvert d'enduit ou laissé apparent, l'outil essentiel à la réalisation de tous leurs projets. L'Amérique, l'Angleterre, l'Europe du Nord, la Russie, la France… nombre de pays en usèrent largement et parmi toutes les écoles de construction, le Midi Toulousain en fit au fil des siècles une utilisation exemplaire, développant une architecture originale de briques roses.

they cannot realize…» he was to prefer to mingle their languages and disperse them over the earth. Human challenge or symbol of pride, whatever, the breach is open. A number of architectural achievements are assembled with bricks like the first pyramids in Egypt, the Great Wall of China, the immense dome of the St Sophia cathedral in Constantinople, and the monumental cathedral of St Cecile. The civilizations «with wings of bricks» possess with this simple material, fired or unfired green earth, from yellow, red or grey clay covered with glaze or left exposed, the essential tool for the realization of all their projects. America, England, Northern Europe, Russia, France… numbers of countries used it widely and among all the Schools of Building, the Midi Toulousain throughout the centuries has made exemplary use, developing an original architecture in pink brick.

De nos jours, la cathédrale Sainte-Cécile à Albi est un des plus emblématiques et des plus grands monuments de brique du monde.

La Tour de Babel **de Lucas van Valckenborgh Musée du Louvre, Paris.**

La tour de Babel est un des premiers et des plus emblématiques monuments de brique. Immense pyramide à degrés, dont on attribue à Nemrod l'initiative, cette ziggourat devait servir de passerelle entre les hommes et le firmament. Au début du xxe siècle, les archéologues ont retrouvé les vestiges de ce monument fabuleux, dans les sables de l'antique Babylone.

The Tower of Babel, «the door of God»., is the most emblematic of all monuments. Immense stepped pyramid, the initiative being attributed to Nemrod, this ziggurat or stepped tower was intended to serve as bridge between Men and the firmament.

Briques du Midi Toulousain

Bricks of the Midi Toulousain

Sous l'occupation romaine, Tolosa délaisse les coteaux pour s'installer sur la rive droite, surplombant le fleuve.

The Latins set up Tolosa on the edge of the water, choosing the right bank sheltered from the whims of the river.

Aux portes de la cité se dressait un immense amphithéâtre pouvant accueillir jusqu'à 15 000 spectateurs.

The great amphitheatre of Purpan, built initially to receive nearly 8,000 spectators, was enlarged later to receive 15,000.

Un héritage antique

Les premières habitations de la région toulousaine étaient de simples cabanes de branchages, renforcées parfois de torchis et de galets du fleuve. On en retrouve les vestiges sur les collines surplombant le méandre de la Garonne, comme par exemple à Vieille-Toulouse. Il faudra attendre l'invasion romaine pour voir apparaître un changement fondamental. Les Latins installent Tolosa au bord de l'eau, choisissant la rive droite, à l'abri des caprices du fleuve. Les agglomérations secondaires qui dépendent de la cité constituent un des plus grands territoires gallo-romains. Il s'étend alors de Lectoure à Carcassonne, de Saint-Bertrand-de-Comminges à Albi. La ville

An ancient heritage

The first dwellings in the Toulouse region were just simple huts in branches, sometimes reinforced with cob and pebbles from the river. Traces are to be found on the hills overhanging the meander in the Garonne, as for example in Old Toulouse. It was not until the Roman invasion that a fundamental change was to appear. The Latins set up Tolosa on the edge of the water, choosing the right bank sheltered from the whims of the river. The secondary urban centres dependent on the town constituted one of the largest Gallo-Roman territories. It extended at that time from Lectoure to Carcassonne, and from Saint Bertrand de Comminges to Albi. The town became organized, structured and built up. The needs were

Le musée Saint-Raymond à Toulouse possède une exceptionnelle collection d'antiquités grecques et romaines, comme cette magnifique frise de marbre.

The Museum Saint Raymond displays one of the country's finest collection of regional Greek and Roman heritage, like this magnificent marble freize.

s'organise, se structure et se bâtit. Les besoins sont immenses. Il faut construire maisons et routes, aqueduc et canalisations, rempart et temples, thermes et amphithéâtre. Le fleuve charrie galets et sables, les Pyrénées recèlent en leurs flancs calcaire et marbre précieux, les forêts proches fournissent le bois. Mais nous sommes dans une des rares régions de France où la pierre fait défaut. Qu'importe, la glaise est abondante. C'est ainsi que le Midi Toulousain découvre l'art de la *tegula* et de l'*imbrex*, respectivement tuile plane et tuile canal. Les Romains en avaient appris l'emploi des Étrusques. Eux-mêmes le tenaient des Grecs, qui bien qu'ayant marbre et pierre à profusion, en connaissaient l'usage pour leurs habitats domestiques.

immense. Houses and roads had to be built, aqueduct and piping systems, rampart and temples, public baths and amphitheatres… The river carries along pebbles and sand, the Pyrenees conceal in their slopes precious limestone and marble, and the nearby forests provide the wood. But we are in one of the rare regions of France where there is a lack of stone. What does this matter as there is abundant clay. It is in this way that the Midi Toulousain discovered the art of the tegula and the imbrex, respectively crown or flat tile and Roman or arched tile. The Romans had learnt how to use them from the Etruscans. They themselves learnt from the Greeks who, although having a profusion of marble and stone, understood the usage for their domestic dwellings.

Four à chaux servant à la préparation des mortiers, musée Saint-Raymond, Toulouse

Lime kiln used for the preparation of mortar

Nombre de vestiges sont enfouis dans le sol de Toulouse comme ce temple, sous la place Esquirol. Maquette du musée Saint-Raymond, Toulouse

A number of traces or relics are buried in the ground of Toulouse like this temple, under Place Esquirol, Maquette

Chaque briquetier estampillait sa production. L'étude de ses marques permit ainsi de dénombrer plus de 33 fabriques gallo-romaines.

Large ovens for commercial use were set up in the region on sites where the earth was extracted. As each one stamped its manufacture, the Study of marks resulted in counting more than 33 different brickworks.

Souvent dans l'Empire romain, les légions fabriquaient elles-mêmes les briques nécessaires aux constructions militaires. De même, les riches patriciens installés dans de grandes villas, comme à Montmaurin, possédaient leur propre four pour leur usage personnel et éventuellement pour les villages voisins. Mais les besoins sont immenses et de grands fours à usage commercial apparaissent dans la région, installés sur les sites d'extraction de la terre. Chacun estampillant sa fabrication, l'étude des marques permit de dénombrer plus de 33 briqueteries différentes, dont sept au moins pour le seul chantier du rempart. Les tuiles sont

Often in the Roman Empire, the legions made the bricks which were needed for the military constructions themselves. In the same way, the rich noblemen living in large villas, as at Montmaurin, had their own oven for their personal use and possibly for the neighbouring villages. But the needs were huge and large ovens for commercial use were set up in the region on sites where the earth was extracted. As each one stamped its manufacture, the Study of marks resulted in counting more than 33 different brickworks, including at least seven for the single worksite for the ramparts. Tiles are made on the same sites. It is said that the first Roman, or arched, tile was

Avec la brique la région apprit aussi l'usage de toits en pente douce couverts de tuile canal. On doit aussi aux Romains la construction des égouts et canalisations de Toulouse, qui restèrent en usage jusqu'au XIXe siècle.

With brick the region also learnt the use of gentle sloping roofs covered with Roman or arched tiles . It is also the Romans who built the sewers and conduits of Toulouse, which remained in use up to the 19th century.

fabriquées sur les mêmes sites. On dit que la première tuile canal fut moulée sur la cuisse de Jupiter, lui donnant sa courbure spécifique. Dans les faits, la large plaque d'argile humide était posée et moulée sur la cuisse d'un ouvrier. On créa par la suite une pièce de bois servant de moule, pour obtenir des tuiles de formes homogènes. Tout le bassin méditerranéen adopte les mêmes dimensions à savoir 50 centimètres

moulded on the thigh of Jupiter, thus giving its specific shape. In truth, the large slab of moist clay was placed and moulded on the leg of a worker to give its characteristic shape. Subsequently a piece of wood was made as a mould so as to obtain tiles of uniform shapes and sizes. All the Mediterranean basin adopted the same dimensions, i.e. 50 centimetres for the tiles and 80 centimetres for the large ridge-tiles. Then the bricks and tiles were conveyed by wagons or by small river craft with the marble from Saint Béat and the limestone from the Comminges. To reinforce the mortar and mould the bricks strong sands and gravels were also needed. The left bank in Toulouse, subject to flooding, is rich in alluvial deposits. The sand fishermen were set up and a considerable gravel pit installed. Centuries later it was to be replaced by a hospital to which it was to give the origin of its name, La Grave. From the numerous buildings of this time, Toulouse has kept few traces. One can still see

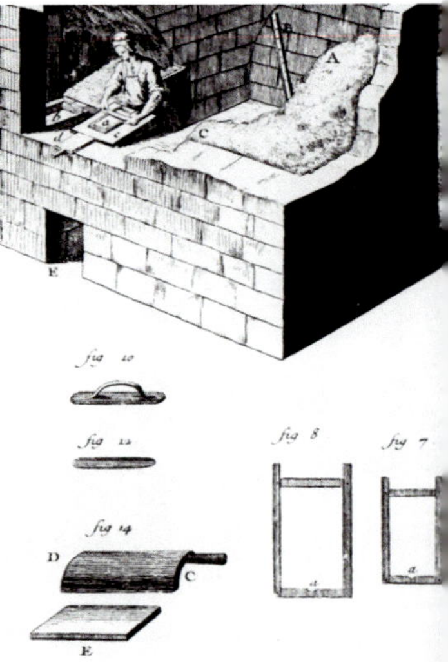

La légende raconte que la première tuile canal fut moulée sur la cuisse de Jupiter, lui donnant sa forme originale.

It is said that the first Roman, or arched, tile was moulded on the thigh of Jupiter, thus giving its specific shape.

Exemples de tuiles planes romaines. Amphithéâtre de Purpan, Toulouse

Samples of crown or flat tile. Amphitheatre of Purpan, Toulouse

pour les tuiles, et 80 centimètres pour les grandes tuiles faîtières. Puis les briques et les tuiles sont acheminées par chariots ou par batellerie avec le marbre de Saint-Béat et le calcaire du Comminges. Il faut aussi, pour armer le mortier et mouler les briques, force sables et graviers. La rive gauche de Toulouse, sujette aux crues, est riche en dépôts alluvionnaires. Les pêcheurs de sable s'y installent et l'on implante une importante gravière. Elle sera des siècles plus tard remplacée par un hôpital à qui elle donnera l'origine de son nom, la Grave. Des nombreux bâtiments de cette époque, Toulouse a gardé peu de vestiges. On peut encore voir des fragments du rempart, immense ceinture de briques roses qui entourait la cité. Pour assurer la solidité des fondations, l'usage antique, qui se perpétua encore sous les Mérovingiens, était de construire dans le sol une base solide et épaisse de galets scellés dans un mortier épais. Bâties sur ce principe, les fondations de l'antique enceinte sont visibles de nos jours dans le sous-sol du théâtre de la Cité. Le grand amphithéâtre de Purpan, construit initialement pour accueillir près de 8000 spectateurs, fut agrandi par la suite pour en contenir plus de 15000. On peut encore visiter le site de cette immense arène, aussi grande que celle de Nîmes. Malheureusement largement pillé par les récupérateurs de brique, il reste peu de chose de ce monument méconnu, même des Toulousains.

Ainsi pendant plus de deux siècles, largement associée aux galets de Garonne, la brique devint le principal matériau de construction du Midi Toulousain.

fragments of the ramparts, a huge belt of pink bricks which surrounded the town. In order to ensure the firmness and solid nature of the foundations, the ancient usage which still continued under the Merovingians, was to build in the ground a solid and thick base of pebbles embedded in a reinforced mortar. Built on this principle, the foundations of the ancient surrounding wall are still visible today in the basement of the town Theatre. The great amphitheatre of Purpan, built initially to receive nearly 8,000 spectators, was enlarged later to receive 15,000. One can still visit the site of this huge arena, as large as the arena in Nimes. Unfortunately, widely pillaged or looted by recuperators of brick, there are few remains of this little-known monument, even for the inhabitants of Toulouse.

In this way for more than two centuries, generally associated with pebbles from the Garonne, brick became the main building material of Toulouse.

Albi, dans le Tarn, possède une architecture de brique remarquable comme ci-contre le palais de la Berbie, XIIIᵉ siècle.

Albi, in the Tarn département, has remarkable architecture in brick like the Palais de la Berbie, opposite.

Clocher du couvent des Cordeliers,
Toulouse,
XIIIᵉ et XVᵉ siècles

Église du Taur,
Toulouse,
Ve siècle, reconstruite au XIVe siècle

Les grands incendies

On aurait pu croire la brique profondément inscrite dans l'histoire de l'architecture régionale et pourtant il n'en est rien. Du IIIe au Xe siècle, petit à petit l'usage de la brique s'étiole. On recourt largement au réemploi d'anciennes briques et moellons de calcaires et les mortiers de chaux employés par les Romains laissent la place à de simples mortiers de terre. Comme dans beaucoup de villes au Moyen Âge, on dresse les murs en charpente que l'on comble d'un matériau peu onéreux, le *paillebart*, de la terre parfois mêlée de paille ou de petits cailloux pour la renforcer. Ainsi ce système de colombage, appelé dans la région *corrondage*, devient le principe généralisé pour construire l'entrelacs des maisons composant le centre de la cité. La brique reste réservée aux monuments et aux maisons de maîtres. L'activité des briquetiers diminue largement et personne ne s'en soucie, ou presque.

Au Moyen Âge, la brique est réservée à la construction des monuments.

During the Middle Ages, the brick remained reserved for monuments and large mansions or town houses.

Basilique Saint-Sernin,
Toulouse,
IXe-XIe siècles

The great fires

One might be mistaken in thinking that brick is deeply implanted in the history of the regional architecture yet this is not at all the case. From the 3rd to the 10th centuries, little by little the use of brick declined. One resorted widely to the reuse of old bricks and limestone rubble and lime mortar used by the Romans - this was replaced just by simple earth mortar. As in many towns in the Middle Ages, the walls were erected in wood framework which was filled with a light material, the «paillebart», earth sometimes mixed with straw or small stones to strengthen it. In this way, this system of half-timbering, referred to in the region as corrondage, became the general principle for building the interlaced designs of houses making up the centre of the town. The brick remained reserved for monuments and large mansions or town houses. The business activity of the brickworks declined widely and no one, or nearly no one, was concerned. The houses were close together and the smallest fire from the oven or chimney set fire to the whole quarter or district. Between the 13th and 15th centuries, Toulouse was to suffer numbers of such blazes. On 7th May 1463, a terrible fire set the town ablaze, a disastrous fire which burnt for more than ten days. Confronted with the extent of the damage, the Capitouls took a definitive decision for the town. They decreed urgently new rules for building: for all new large buildings or renovations, the use of «paillebart» was forbidden from then on and the use of brick imposed. This phenomenon is not unique to Toulouse, and Germany, England and the United States experienced the same phenomena.

Les maisons sont contiguës et le moindre feu de four ou de cheminée enflamme tout un quartier. Du XIIIe au XVe siècle, Toulouse sera victime de nombre de ces brasiers. Le 7 mai 1463, un terrible incendie embrase la cité, feu sinistre qui brûla plusieurs jours durant. Devant l'ampleur du désastre, les Capitouls prennent une décision définitive pour la ville. Ils édictent impérieusement de nouvelles règles de construction: pour toutes nouvelles bâtisses ou rénovations, l'emploi du *paillebart* est désormais interdit et la brique imposée. Ce phénomène n'est pas unique à Toulouse.

Façade à *corrondage*, rue de la Dalbade, Toulouse

Les maisons des cités adoptent au Moyen Âge le colombage ou *corrondage*, charpente de bois comblée par un torchis, au détriment de la brique, bien plus onéreuse.

As in many towns in the Middle Ages, the walls were erected in wood framework which was filled with a light material, the «paillebart», earth sometimes mixed with straw or small stones to strengthen it.

Pour lutter contre les incendies, les Capitouls imposent la brique au xve siècle. Elle apparaît d'abord à la place du torchis en remplissage des *corrondages*.

The Capitouls decreed urgently new rules for building: for all new large buildings or renovations, the use of «paillebart» was forbidden from then on and the use of brick imposed.

Façade à *corrondage*, place de la Daurade, Toulouse

Superbe façade à *corrondage*, en partie comblé de brique, Rieux-Volvestre, Haute-Garonne

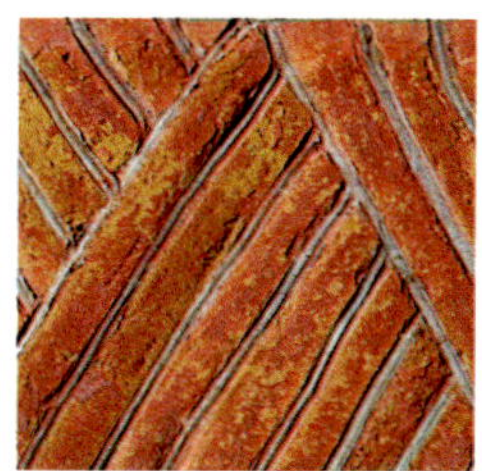

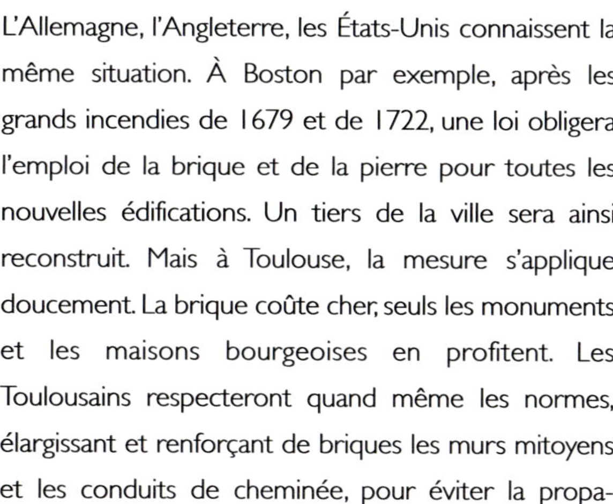

L'Allemagne, l'Angleterre, les États-Unis connaissent la même situation. À Boston par exemple, après les grands incendies de 1679 et de 1722, une loi obligera l'emploi de la brique et de la pierre pour toutes les nouvelles édifications. Un tiers de la ville sera ainsi reconstruit. Mais à Toulouse, la mesure s'applique doucement. La brique coûte cher, seuls les monuments et les maisons bourgeoises en profitent. Les Toulousains respecteront quand même les normes, élargissant et renforçant de briques les murs mitoyens et les conduits de cheminée, pour éviter la propa-

In Boston for example, after the great fires of 1679 and 1722, a law decreed the use of brick and stone for all new buildings. In this way a third of the town was rebuilt. But in Toulouse the law was applied slowly. Brick was expensive, only the monuments and mansion houses took advantage. The Toulousains were however to observe the standards, widening and strengthening with bricks the dividing walls and chimneys so as to avoid propagation of fire. The corrondages of bricks or massécanat were used, but the framework remained and the risks of fire continued for a long time. With the money from the pastel

gation des foyers. On emplit les *corrondages* de briques ou *massécanat*, mais la charpente reste et les risques d'incendies perdurent. Avec l'argent du pastel au XVIe siècle, la ville déploie petit à petit son flamboiement caractéristique. Les riches marchands participent à la rénovation de la cité et édifient de somptueux hôtels Renaissance mais il faudra attendre le XVIIe siècle pour qu'à nouveau la brique s'impose sur toutes les façades et incendie la ville de sa chaude teinte orange au soleil couchant. Toulouse prend la couleur si caractéristique qui lui vaudra son surnom de *Ville rose*. Mais les goûts esthétiques du XVIIIe siècle ne laisseront pas de répit à la brique.

dye in the 16th century, the town little by little unfolded its characteristic flamboyant style. The rich merchants took part in the restoration of the town and build sumptuous private mansions or hotels in the Renaissance style but it was not until the 17th century that brick once again was seen on all the façades to enflame the town with its warm orange glow in the setting sun. Toulouse took on the characteristic colour which gave it its nickname of «pink city». But the aesthetic tastes of the 18th century were not to leave the brick in peace.

L'hôtel du Vieux-Raisin, récemment rénové,
Toulouse,
XVe-XVIe siècles

Au XVIe siècle, avec l'argent du pastel, Toulouse et la région s'embellissent de superbes demeures Renaissance.

With the money from the pastel dye in the 16th, the rich merchants took part in the restoration of the town and build sumptuous private mansions or hotels in the Renaissance style.

Hôtel particulier,
boulevard de Strasbourg,
Toulouse,
XVIème siècle

À partir du XVIIe siècle, la brique déploie ses chaudes couleurs sur toute la ville, des grands monuments aux demeures les plus simples.

It was not until the 17th century that brick once again was seen on all the façades to enflame the town.

Les Jacobins,
en arrière-plan
du quai Saint-Pierre,
Toulouse.

Rêve de pierre

Toulouse manque de pierre. Le grand projet des Capitouls d'ériger un fastueux pont Neuf en pierre ne put être réalisé, faute de budget, et il fallut recourir à la brique pour l'achever. Seul l'hôtel de Clary peut s'enorgueillir d'une façade de pierre, dont il tirera son nom usuel. Même pour les fastueux hôtels particuliers des notables, son usage est restreint aux parements des portes et des fenêtres. Les architectes l'utilisent en parachèvement des façades où elle trouve avec la brique une alliée et un faire valoir exceptionnel.

Stone pipe-dream

Toulouse lacks stone. The main project of the Capitouls to erect a sumptuous New Bridge all in stone could not be undertaken, due to lack of money, and it was necessary to resort to brick in order to finish it. Only the Hotel de Clary could be pride itself on having a façade in stone, from which it was to take its familiar name. Even for the magnificent private mansions of leading citizens, its use was restricted to the facings of the doors and windows. The architects used it as finishing for façades where with the brick it

Les architectes utilisent la pierre rare et précieuse en parachèvement des façades, où elle trouve avec la brique une alliée et un faire valoir exceptionnel.

The architects used it as finishing for façades where with the brick it finds an ally and exceptional enhancement.

Hôtel de Clary, Toulouse, 1608

L'alliance des deux matériaux crée un ensemble d'une douceur incomparable, particulièrement mis en exergue à l'hôtel d'Assézat. Deux écoles de bâtisseurs apparaissent dès le Moyen Âge : les architectures celtes et anglo-saxonnes ont adopté une nouvelle brique, de petite dimension, et sa mode s'est répandue dans toute la France. Seuls le Midi Toulousain et l'Italie resteront fidèles à la brique romaine jusqu'au XIXe siècle. Mais cette simple brique est parfois bien embarrassante, et les Romains déjà succombaient à la tentation de la dissimuler. L'empereur Auguste se vantait, en parlant de Rome, d'avoir trouvé une ville de brique et rendue une ville de marbre. Dans les faits, si

finds an ally and exceptional enhancement. The two materials together create an incomparable ensemble of softness, particularly highlighted at the Hôtel d'Assézat. Two schools of builders appeared in the Middle Ages - the Celts and Anglo-Saxon architects adopted a new brick, small in size, and its fashion spread throughout France as a whole. Only the Midi Toulousain and Italy were to remain loyal to the Roman brick up until the 19th century. But this humble brick is sometimes really embarrassing and already the Romans succumbed to the temptation of hiding it. The Emperor Augustus, speaking of Rome, boasted of having found a town in brick and left a town in marble. In fact, although marble was used in facings and

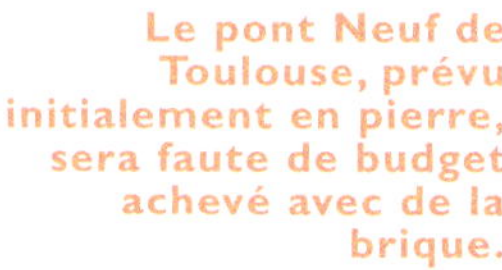

Le pont Neuf de Toulouse, prévu initialement en pierre, sera faute de budget achevé avec de la brique.

The main project of the Capitouls to erect a sumptuous New Bridge all in stone could not be undertaken, due to lack of money, and it was necessary to resort to brick in order to finish it.

le marbre était utilisé en parements et revêtements décoratifs, la brique restait maître, mais soigneusement dissimulée par un badigeon. Toulouse aussi se prend à rêver de pierre et avec la mode du néoclassicisme, au XVIIIe siècle, trouvant les anciennes maisons médiévales bien laides, les masque d'enduits. Or à la même époque, la ville est sombre et peu sûre. En 1783, les Capitouls obligent au blanchissement de toutes les façades pour intensifier l'éclairage public trop faible. Toulouse la rose devient ville blanche. Et personne ne s'en plaint. La pierre a toujours eu plus de prestige et excitait d'autant plus la convoitise que le matériau était rare dans la région.

Perdurant cette habitude, à partir du XIXe siècle, on préfère aux chaudes teintes de la brique rouge

decorative coverings, brick remained the master, but carefully concealed by a colour wash. Toulouse also took to dreaming of stone and with the neo-classical fashion in the 18th century, finding the old medieval houses rather ugly, masked them with plaster coatings. Yet, at the same time the town was dark and not very safe. In 1783, the Capitouls ordered all the frontages to be lightened so as to intensify the low street lighting which was not bright enough. In this way the brick walls disappeared under a false bond of stone. And no one complained. Stone always had more prestige and aroused envy all the more as the material was rare in the region. From the 19th century, by continuing this habit, instead of the warm tones of the red brick, the use of clay, low in iron oxide, which after baking took on a pale yellow tone, was preferred. With the urban rearrangement à la Haussman, the fashion became wide roads and classical aesthetics. Fortunately the centre of the town was not too disrupted. While Toulouse has lost the delightful mansions of the rue Ozenne, it did limit the new openings to rue de Metz and rue Alsace-Lorraine. It is not always economically possible to subscribe to the Parisian fashion of large stone buildings. But, so what? The difficulty is easily resolved - the yellow brick, posed with very thin and clever chutes resembles a facing of cut stone, and a dab of whitewash perfects the imitation. As for the characteristic zinc roof, an ingenious dressing on the first section of the roof is enough for the manoeuvre, even though the rest of the roof covering is in tiles!

Avec la mode néoclassique, la brique rouge cède la place à une nouvelle brique jaune pâle, disposée en astucieux faux appareil de pierre.

From the 18th century, by continuing this habit, instead of the warm tones of the red brick, the use of clay, low in iron oxide, which after baking took on a pale yellow tone, was preferred.

Avant de devenir ministre de Louis XVI, le cardinal Loménie de Brienne entreprit de nombreux embellissements de Toulouse dont l'aménagement des Pont-Jumeaux

Before becoming a minister under Louis XVI, Cardinal Loménie de Brienne undertook the layout of the Ponts Jumeaux (Twin Bridges)

Entrepris au XVIIIe siècle, l'aménagement des quais de la Garonne, à Toulouse, s'acheva au XIXe siècle avec le quai de Tounis.

Interrupted by the French Revolution, the layout of the quays was finished in the 19th century with the Quai de Tounis.

l'emploi d'une argile pauvre en oxyde de fer, qui après cuisson prend une teinte jaune pâle. Avec le réaménagement urbain hausmannien, la vogue vient aux larges artères et à une esthétique classique. Par bonheur, le centre ville ne sera pas trop bouleversé. Si Toulouse perd de ravissants hôtels de la rue Ozenne, elle limite les nouvelles percées, comme la rue de Metz et la rue d'Alsace-Lorraine. Il n'est toujours pas économiquement possible de souscrire à la mode parisienne des grands immeubles de pierre. Mais qu'importe. La difficulté est facilement détournée: la brique jaune, posée avec des joints très fins et d'habiles goulottes laisse à croire à un parement de pierre de taille et un coup de badigeon blanc parfait la contrefaçon. Quant au toit de zinc caractéristique, un simple habillage sur la première partie du toit suffit souvent à la manœuvre, même si le reste de la couverture est en tuile!

La brique retrouvée

Au XIXe siècle, la révolution industrielle n'aura que de faibles répercussions sur Toulouse. La ville affirme même à cette époque son aspect de « grand village ». Les populations rurales récemment installées bâtissent des maisons rustiques, en rez-de-chaussée, avec un couloir central répartissant de part et d'autre les pièces d'habitation. Construites de briques et de galets, nombre de ces maisons paysannes, dites *toulousaines*, fleurissent de l'autre côté des grands boulevards ceignant le centre ville. Celui-ci connaît peu de changement si ce n'est la création de places aux

Brick makes a come-back

In the 19th century, the Industrial Revolution was only to have slight repercussions on Toulouse. The town, even at this time, asserted its position as «large village». The recently installed rural populations built rustic one-storey houses, with a central corridor separating the living rooms from each other. Built of brick and large pebbles, many of these rustic houses called «toulousain» flourished on the other side of the great boulevards, surrounding the town centre. The latter experienced little change if only the creation of several squares with regular frontages, such as the Place du Capitole, set out between 1811 and 1852 and the Place Wilson, replacing the Villeneuve Gate, ancient entrance to the town. One is beginning to wonder about the need for the application of white lead wash and lime and sand coatings. The red brick slowly starts to reappear with such surprising buildings as the Marchand asylum for the insane, a real village rebuilt at the entrance to the town, or the Saint Michel prison, strange medieval fortified castle near to the Parliament. Other brick buildings, designed with talent by Urbain Vitry, stood out in the town, following the example of the enormous abattoirs or the grain market.

Les briques du Moyen Âge de l'hôtel Dieu et les briques XIXe du Château d'Eau mêlent harmonieusement leurs teintes chaudes.

Bricks from the Middle Ages at the Hôtel Dieu and 19th century bricks of the Château d'Eau blend their warm shades so well together.

Palais Niel,
siège de l'état-major,
Toulouse,
1863

De nouveaux édifices surprenants apparaissent à Toulouse, comme le château fort médiéval de la prison Saint-Michel ou ci-contre, le temple égyptien du cimetière de Terre-Cabade.

The red brick slowly starts to reappear with such surprising buildings as the Saint Michel prison, strange medieval fortified castle near to the Parliament,or the Terre-Cabade cemetery, opposite.

façades régulières, comme la place du Capitole, aménagée entre 1811 et 1852 et la place Wilson, remplaçant la porte Villeneuve, ancienne entrée de la ville. On commence à s'interroger sur la nécessité de l'application de badigeon de céruse et d'enduit de chaux et sables. La brique rouge doucement réapparaît avec des constructions aussi surprenantes que l'asile d'aliénés Marchand, véritable village reconstitué à l'entrée de la ville, ou la prison Saint-Michel, étrange château fort médiéval proche du parlement. D'autres bâtiments de briques, talentueusement conçus par Urbain Vitry, s'imposent en ville, à l'instar des immenses abattoirs ou de la Halle-aux-grains.

Fashions come and go. What was hidden yesterday becomes sought-after today and the brick benefits from this movement. In the 20th century, after the important reconstructions of concrete and steel after the war, the importance was to restore the value of regional particularities. The Midi Toulousain is no exception to this new movement. After the Parisian vogue, the local architecture was winning acclaim once again. The craze for brick was such that it was also being used for interior decoration. Our great-grandparents would be very surprised to see in reception rooms sections of exposed brick wall. On the other hand, it is not everything just to build, the aesthetic appearance must also last over time.

La maison dite *toulousaine* est un habitat rural en rez-de-chaussée, avec un couloir central desservant les pièces d'habitations, le grenier étant réservé au stockage des denrées.

Built of brick and large pebbles, many of these rustic houses called «toulousain».

Les modes vont et viennent. Ce qui était caché hier devient recherché aujourd'hui et la brique profite de ce mouvement. Le XXe siècle, après les grandes reconstructions de béton et d'acier de l'après-guerre, s'attache à remettre à l'honneur les particularismes régionaux. Le Midi Toulousain n'échappe pas à ce nouveau courant. Après la vogue du parisianisme, l'architecture locale retrouve ses lettres de noblesses. L'engouement pour la brique est tel que l'on s'en sert aussi en décoration intérieure. Nos arrières grands-parents seraient bien étonnés de voir exposer dans les pièces de réception des pans de mur de briques apparentes. D'autre part, il n'est pas tout de bâtir, il faut aussi que l'aspect esthétique perdure dans le temps. La pluie, la poussière et la pollution déposent des traces noirâtres bien déprimantes. Il faut donc rénover. La tâche est d'importance. Depuis 1992, la ville a fait peau neuve. Dans un effort commun, les propriétaires, avec l'aide de la municipalité, ont ravalé plus de 700 immeubles. Les monuments ont eux aussi fait peau neuve, comme Saint-Pierre-des-Cuisines, le musée Saint-Raymond, la manufacture des Tabacs ou encore tout récemment les abattoirs et le rempart proche. Chaque parement de brique a ses caractéristiques et selon l'enduit qui le recouvrait, sa conservation a été plus ou moins bien assurée. Les enduits de ciment par exemple sont fatals à la brique. Selon l'état et le type de la brique, il faut choisir différentes techniques, de la plus simple, le nettoyage mécanique par brossage ou ponçage, aux plus sophistiquées, comme l'emploi du laser et le microfinage, sablage très fin de poudre de verre ou de coques de noix broyées. Une fois la brique

Rain, dust and pollution leave very depressing blackish traces. One must therefore renovate. The task was huge. Since 1992, the town has undergone a «face lift». In a mutual effort, the property owners have with the help of the Municipality cleaned more than 700 buildings. The monuments themselves have also been cleaned, like Saint Pierre des Cuisines, the Saint Raymond museum, the Manufacture des Tabacs or more recently the Abattoirs

and the nearby Toulousain rampart. Each facing in brick has its characteristics and depending on the coating which covered them, their conservation has been more or less well ensured. The cement coatings, for example, are fatal for brick. Depending on the state and type of brick, different cleaning systems must be chosen, from the simplest system, mechanical, by brushing or sanding down, to the most sophisticated, microfinage, very fine

Rue des Teinturiers, l'enseigne d'une des rares manufactures du XIXe siècle, les industriels de Toulouse privilégiant à cette époque le travail à domicile.

Rue des Teinturiers, one of the rare manufactures in Toulouse, the industrial leaders encouraging home workers.

sandblasting of glass frit or powder or ground nutshells, or even the use of laser. Once the brick has been restored, it should still be checked and the joins remade with lime or ordinary mortar. All the bricks cannot remain exposed to the onslaught of air and pollution. The whitewashes and lime coatings, in colours chosen from the palette of tones of the town, will give effective protection. For the bricks in good condition, a waterproof protection will mean being able to retain the splendour of the façades for a long time.

With the come-back of the brick, colours and patterns are revealed, the decoration of a façade, the pleasing effect of a street, the elegance of a monument which one has not noticed for a long time - which must be looked after with care once more.

Au fil des modes, les joints des briques évoluent, du mortier romain au joint ruban des hôtels de style Renaissance, jusqu'au joint fin quasi invisible de la mode néoclassique.

restaurée, il faut encore vérifier et reconstituer les joints, avec un mortier de chaux. Toutes les briques ne peuvent rester exposées à l'agression de l'air et de la pollution. Les badigeons et enduits de chaux, aux couleurs choisies dans la palette des teintes de la ville, les protégeront efficacement. Pour les briques en bon état, une protection hydrofuge permettra de conserver longtemps l'éclat des façades.

Avec la brique retrouvée, se révèlent les couleurs et motifs, le détail décoratif d'une façade, l'harmonie d'une rue, l'élégance d'un monument que l'on ne remarquait plus depuis longtemps, et qu'avec délice on peut apprécier à nouveau.

Façade récemment rénovée,
place de La Trinité, Toulouse

Après une grande campagne de rénovation, Toulouse retrouve l'or rouge de la brique.

Quai Lombard,
Toulouse

Poussière de terre

Earth dust

Carrière de la briqueterie Nagen, Saint-Marcel-Paulel, Haute-Garonne

Argile

Il existe bien des sortes d'argiles. Roche sédimentaire, son lieu d'origine et les différents éléments qui se mêlent à elle prédestineront à son utilisation. Celle qui nous intéresse est l'argile alluviale. Habilement pétrie et humidifiée, elle acquiert des qualités plastiques essentielles à son façonnage. Une fois séchée, elle peut être utilisée crue ou cuite. La cuisson lui conférera plus de solidité mais aussi une autre caractéristique importante, sa couleur. Selon les composants qui la caractérisent, les teintes spécifiques jailliront des flammes. L'argile de la région est issue d'une marne du bassin sous-pyrénéen: les sels de fer et de manganèse qu'elle contient, soumis à la chaleur intense des fours, donnent à la brique cuite une palette de teintes roses, rouges ou orangées si caractéristiques. Par contre si l'argile est faible en sels ferreux, la brique cuite prendra une teinte jaune pâle. Les briques moulées dans de la terre mêlée de limon, provenant de décomposition végétale, prendront une couleur bien plus foncée, marron noir. Quant à la brique verte, c'est le joli nom que l'on donne dans la région à la brique crue, comme si elle n'était pas encore mûre!

Clay

There are all sorts of clays. Sedimentary rock, its place of origin and the different elements which blend with it will predetermine its use. The clay which interests us is the alluvial clay. Cleverly kneaded and humidified, it acquires plastic qualities essential for its fashioning. Once dried, it can be used fired or unfired. The firing gives it more solidity but also another important characteristic - its colour. Depending on the components which typify it, the specific shades will spring from the flames. The clay from the region comes from a marl of the sub-Pyrenean basin. The ferrous salts and manganese which it contains, subjected to the intense heat of the ovens, gives the fired brick a palette of such characteristic pink, red or orange hues. On the other hand, if the clay is low in ferrous salts, the fired brick will take on a pale yellow colour. The bricks moulded in earth mixed with loam from vegetal decomposition, will take on a very much darker colour - brownish black

Galet de Garonne

Si la pierre fait défaut, la Garonne est généreuse en fournissant abondamment un matériau essentiel: le galet. Fragments de roche arrachés à la montagne, roulés par le fleuve et déposés dans le creux des méandres, il n'y avait qu'à se baisser pour se procurer ce dur matériau. Il est maintenant interdit de les ramasser et des gravières se chargent de les collecter. Trié et calibré, depuis l'Antiquité le galet intervient en construction pour armer le mortier des fondations, élever de simples murets de séparation et des pans d'habitat. Dressé seul, en épis, mêlé de terre ou de brique, son emploi crée une architecture caractéristique. Mais ses qualités ne se réduisent pas au seul usage des murs. Brisé en deux, la face arrondie fichée dans le sol, il permet le pavage des trottoirs. S'il n'en reste quasiment plus de trace aujourd'hui, dans le secret des cours d'hôtels particuliers, on peut encore admirer des sols de galets, *calades* de petits cailloux noirs et blancs disposés en habiles mosaïques.

Église de briques et galets,
Mauzac,
Haute-Garonne

Avec la brique, les galets permettent l'édification de façades originales, comme celle de la mairie de Mauzac.

Erected singly in herringbone pattern, mixed with earth or brick, the use of pebbles creates a characteristic architecture.

Garonne pebbles

In the absence of stone, the Garonne is very generous in supplying abundant essential material - the pebble. Fragments of rock torn from the mountains, rolled by the river and deposited in the meander troughs of the river - one only has to bend down to procure this hard material. It is now forbidden to collect them. The pebbles are now gathered in gravel pits. Sorted and calibrated, since time immemorial they have many uses, strengthening the mortar for foundations, or filling in walls, or on façades. Erected singly in herringbone pattern, mixed with earth or brick, the use of pebbles creates a characteristic

Les Pyrénées recèlent des marbres magnifiques dont le marbre de Saint-Béat. Il est présent dans de nombreux monuments de la région, comme ici superbement mis en œuvre pour le chœur de la cathédrale Saint-Étienne, à Toulouse.

The Pyrenees imprison a precious sedimentary rock in their slopes, the marble from Saint Béat. The choir of the Saint Étienne cathedral illustrate the art of marble in the region.

Détail de la sculpture monumentale des Ponts-Jumeaux, Toulouse, XVIIIe siècle

Calcaire du Comminges et marbre de Saint-Béat

Les Pyrénées enferment en leurs flancs une précieuse roche sédimentaire, constituée de carbonate de calcium, le calcaire. Soumis aux aléas des mouvements géologiques des montagnes, il subit différentes modifications et selon les filons, on peut en obtenir la chaux essentielle au mortier, des blocs de calcaire complétant l'architecture et, dans sa forme la plus élaborée, le marbre. Chaque carrière produit des marbres aux couleurs spécifiques, rouge, jaune ou noir. Celui de Saint-Béat, roche métamorphique de composés de calcaire et de dolomie formidablement compressée, révèle après un minutieux polissage une roche d'une blancheur éclatante, délicatement veinée de gris bleu. Il pare avec éclat les riches villas patriciennes et les monuments du Midi Toulousain mais aussi, de Lyon à Versailles, de nombreuses régions de France et peut-être d'Italie. De la basilique Saint-Sernin à la cathédrale de Saint-Bertrand-de-Comminges, des thermes de Luchon au chœur de la cathédrale Saint-Étienne, des colonnettes du cloître des Jacobins à la statue de Pierre-Paul Riquet, de multiples exemples illustrent l'art du marbre dans la région.

architecture. But their qualities are not restricted only to building walls. Split in two and stuck in the ground, the rounded surface allows the paving of pavements. While any traces hardly today, in the privacy of courtyards of private mansions one can still admire the ground in cobbles, calades of small black and white stones arranged in clever mosaics.

Limestone from Comminges and Saint Béat marble

The Pyrenees imprison a precious sedimentary rock in their slopes made up of calcium carbonate - limestone. Subjected to the hazards of the geological movements of mountains, it undergoes various modifications, and depending on the seams one can obtain the lime essential for the mortar, blocks of limestone completing the architecture and in its most elaborate form - marble. Each quarry produces marble of specific colour, red, yellow or black. The marble from Saint Béat, metamorphic rock of limestone compound and tremendously compressed dolomite reveals, after meticulous polishing, a rock of dazzling whiteness, delicately veined with grey-blue. It faces brilliantly the small villas of noblemen and the monuments of the Midi Toulousain but also from Lyon to Versailles, numerous regions in France and perhaps Italy. From Saint Sernin to Saint Bertrand de Comminges, from the spas of Luchon to the choir of the Saint Etienne cathedral, the small columns of the cloisters of the Jacobins to the fountain of Saint Etienne, numerous examples illustrate the art of marble in the region.

fig. 17.

De terre et de feu

From earth and fire

En attendant la mécanisation, hommes, femmes et mêmes enfants, jusqu'au début du XXe siècle, extraient péniblement des tonnes de terre.

Before mechanization, men, women and even children pulled out tons of earth with great difficulty.

L'automne, on ramassait la terre. L'hiver pendant qu'elle travaillait, on accumulait du bois pour les feux. Au printemps après un minutieux pétrissage, on moulait les briques et on les mettait au séchoir, en attendant l'été et ses longues journées. Alors, dans la chaleur estivale, les fours cuisaient des jours durant les milliers de briques que lentement, au pas lourd des bœufs ou des chevaux de trait, les chariots acheminaient sur les chantiers. Pour faire de bonnes briques, alliance magique de la terre et du feu, il fallait toute une année.

De la terre à foison

Il n'y avait qu'à se baisser. Pourquoi chercher des matériaux lointains, difficiles à extraire, coûteux et longs à transporter? Il n'y avait qu'à se baisser pour trouver la réponse à tous les besoins pour le confort de l'homme. Construire sa maison, la couvrir pour échapper aux intempéries, assurer des canalisations pour les eaux usées, faire un sol propre et isolant, créer les récipients nécessaires à tous les usages, la cuisine, la table, l'hygiène, l'éclairage, la décoration intérieure et extérieure et même assurer le plaisir de fumer une bonne pipe, crue, cuite ou vernissée, la terre remplit toutes ces fonctions.

Un tuilier au XVIe siècle

In the autumn, the earth was collected. In the winter when it was «working», wood was gathered for the fires. In the spring after meticulous kneading, the bricks were moulded and placed in the dryer awaiting the summer and the longer days. Then in the heat of the summer the ovens baked for days at a time, thousands of bricks which slowly the wagons delivered to the sites with the heavy tread of oxen or carthorses. To make good bricks, a magic alliance between earth and fire, a whole year was needed.

Souvent, proche des fermes, s'ouvre une mare. Si elle fait le bonheur de la basse-cour et une réserve d'eau appréciable l'été, elle est souvent le vestige de la carrière de terre creusée pour construire le bâtiment. Ainsi procédait-on pour les besoins domestiques. Mais potiers, briquetiers et tuiliers demandent de grandes quantités et toutes les terres ne remplissent pas les conditions voulues.

La première étape est donc de trouver un filon de marne ou d'argile, ni trop pur ni trop sableux, ni trop caillouteux ni trop calcaire. Pendant longtemps, il n'y avait ni chimiste ni géologue à disposition, alors on utilisait une méthode empirique. Un prélèvement était soumis à la cuisson. Le test concluant, on organisait l'extraction. Sur de petites parcelles, on creusait un puits rudimentaire. Le travail était souvent effectué par un couple, propriétaire

Earth in abundance

One only had to bend down. Why look for far-off materials, difficult to extract, costly and which take a long time to transport ? One only had to bend down to find the answer to all the needs for the comfort of Man. To build his house, cover it to escape the bad weather, provide systems of pipes for waste water, make a clean and insulating floor, create the recipients necessary for all usages, the kitchen, table, hygiene, lighting, the interior and exterior decoration and even take pleasure in smoking a nice clay pipe, unfired, fired or varnished, earth fulfils all these functions.

Often near the farms there is a pool or pond. If this pleases the farmyard and creates a supply of water which is appreciable in the summer, it is often the remains of the earth quarry dug to construct the building. This is how they were organized for the domestic needs. But potters, brickmakers and tilemakers require huge quantities and not all types of earth meet the required conditions.

The first stage is therefore to find a seam of marl or clay, not too pure nor too sandy, nor too stony nor with too much limestone. For a long time, there was no chemist or geologist at hand, so methods by trial and error were used. A sample was submitted to firing. If the test was conclusive, extraction was organized. On small plots, a rudimentary well was dug. The work was often carried out by a couple, owner or operator. The man went down into the dark vertical gallery to fill up buckets which were hauled up to the surface by his wife. All that was left to do was to deliver the pile of earth painfully accumulated every day. In the mines or in the quarries cutting into the alluvial slopes, work was just as laborious. Before mechanization, men, women and even

Souvent près des fermes s'ouvrait une mare, vestige de la carrière de terre creusée pour la construction du bâtiment.

Often near the farms there is a pool or pond, often the remains of the earth quarry dug to construct the building.

La briqueterie Capelle, en 1907,
Grépiac,
Haute-Garonne,

ou concessionnaire. L'homme descendait dans la sombre galerie verticale pour emplir des seaux, hissés à la surface par son épouse. Il ne restait plus qu'à livrer le tas de terre péniblement accumulé chaque jour. Dans les mines, ou dans les carrières entaillant les coteaux alluvionnaires, le travail était tout aussi pénible. En attendant la mécanisation, hommes, femmes et mêmes enfants, jusqu'au début du XXe siècle, arrachaient péniblement des tonnes de terre, à l'aide de fers plats et de cuillères. Il n'est pas rare que dans une même carrière on trouve plusieurs filons d'argiles, différents dans leurs compositions. Il faut habilement en gérer l'extraction pour que le briquetier puisse anticiper au mieux la couleur de cuisson.

Une fois la terre portée à la fabrique, commence alors le travail de broyage pour obtenir le degré de finesse

children up until the beginning of the 20th century pulled out tons of earth with great difficulty using flat iron bars and ladles/scoops. It is not rare that in the same quarry several seams of clay are to be found. Different in composition, extraction must be managed skilfully so that the brickmaker can anticipate the colour of firing as best as possible.

Once the earth has been taken to the factory, then the work of grinding begins to obtain the degree of fineness required. Next, the earth must be humidified and kneaded for a long time, the water must penetrate deep into the clods so as to obtain a homogeneous clay, with the required plasticity. In the past, the fouleux or pressers kneaded the clay with their feet, detecting at each crush the remaining slag and stones to be taken out or eliminated. They have now been replaced by powerful machines. This slow work would be imperfect without a long ageing. In a large cart or tumbril, time, the

recherchée. Ensuite il faut longuement humidifier et malaxer la terre, l'eau doit pénétrer au plus profond des mottes pour obtenir une pâte homogène, à la plasticité voulue. Autrefois, les *fouleux* pétrissaient l'argile avec les pieds, détectant à chaque foulée les scories et cailloux restant à éliminer. Ils sont maintenant remplacés par de puissantes machines. Ce lent travail serait imparfait sans un long pourrissage. Dans un grand tombereau, le temps, le froid de l'hiver et la pression de la glaise entassée achèveront de préparer la terre.

La brique

Depuis l'invention de la brique, trois critères essentiels président au choix de sa forme. Le premier est de modéliser le résultat final, le mur. C'est ainsi que l'homme créa la première forme de synthèse, le parallélépipède. Il ne reste plus qu'à adapter ses proportions à l'usage. Il est nécessaire de pouvoir manipuler la brique d'une main pendant que l'autre pose le mortier, et il faut que son

cold of winter and pressure of the packed clay will finish off preparation of the earth for the moulding of bricks.

The brick

The earth is ready, the brick can be moulded. Since its invention, three essential criteria govern the choice of its shape. The first is to model the final result - the wall. It is in this way that Man created the first kind of synthesis - the cube. All that is needed now is to adapt its proportions to the usage. It is essential to be able to handle the brick with one hand while the other places the mortar, and its weight must not hamper the gesture, a thousand times repeated. Sizes will evolve depending on regions and epochs. But the fundamental principle is that «the length is twice the thickness plus a join».

To fashion the bricks, air-dried or fired, just a simple wood mould was used (for the fired bricks, a rather larger mould is used to compensate for the retraction during firing). The sides and bottom are covered with sand so that the clay does not stick. A lump or pâton is deposited which is strongly pressed all over its surface. So as to be sure of the density of the brick, the earth must fill out the volume exactly. Then, by using a drawknife or plane or a bow or archet, wetted beforehand, the surface is equalized by scraping off the excess. One then just has to turn over the device to un-mould. This age-old gesture gives each brick slight irregularities which is why we prefer them to industrial bricks. If this is still practiced notably for restoration sites, the majority of production is industrialized. Nowadays the raw material is mechanically pressed and pushed in an auger. A perfectly smooth rectangular roll of earth comes out. At the

Dans les briqueteries industrielles, un long ruban d'argile s'échappe d'une filière. Le choix du moule placé à la sortie de la machine détermine la forme de la brique, pleine ou alvéolée.

The raw material is mechanically pressed and pushed in an auger. A perfectly rectangular roll of earth comes out. At the exit of the machine different moulds are adapted depending on the result required, perforated or solid bricks, or any other.

Un simple cadre en bois, saupoudré de sable, suffit pour mouler briques pleines et carreaux de sol. Il ne reste plus qu'à les porter au séchoir, étape essentielle avant la cuisson. Ces gestes millénaires sont perpétués dans les briqueteries traditionnelles de la région comme ici à la briqueterie de Nagen.

To fashion the bricks, air-dried or fired, just a simple wood mould was used. All that is needed is to take them to the drier. This age-old gesture is perpetue in regional traditional brikmakers.

poids n'entrave pas le geste, mille fois répété. Les dimensions évolueront en fonction des régions et des époques. Mais le principe fondamental est que « la longueur soit deux fois égale à l'épaisseur, plus un joint ». Pour façonner les briques, crues ou cuites, un simple moule de bois suffit (pour les briques cuites, on utilise un moule un peu plus grand pour compenser la rétractation à la cuisson). On ensable les bords et le fond pour que la glaise n'adhère pas. On y dépose une motte ou *pâton* que l'on presse fortement sur toute la surface. Pour assurer la densité de la brique, la terre doit emplir parfaitement le volume. Ensuite, à l'aide d'une plane ou d'un archet, préalablement mouillés, la surface est égalisée en arasant l'excédent. Il ne reste plus qu'à

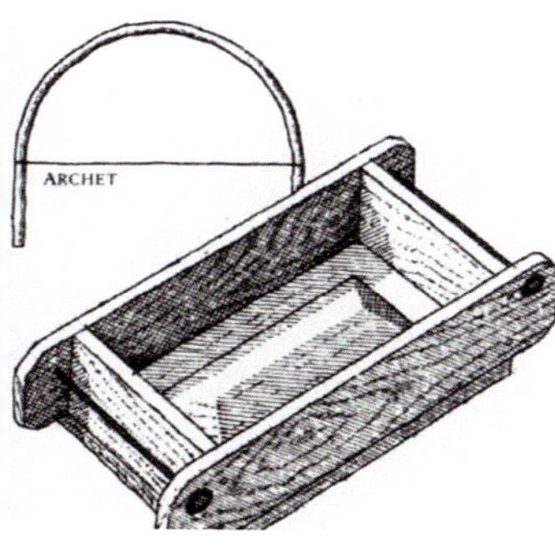

exit of the machine different moulds are adapted depending on the result required, perforated or solid bricks, or any other model. An automatic cutting system cuts up the pieces to the required sizes. All that is needed is to take them to the drier. Drying is an essential stage in the manufacture. Humidity, essential up to now, must now be meticulously eliminated in order to avoid cracks and splinters when firing. Up until the 19th century, the bricks were carefully stored outside in the Spring to protect them from frost. The workmen exposed the bricks to the wind while sheltering them from sun and rain, often using straw racks. After ideally 2 to 3 months of drying, the brick was finally ready for firing. For a long time the adobes - dried earth bricks - were enough to build the dwellings and even the

retourner l'appareil pour démouler. Ce geste millénaire donne aux briques traditionnelles de légères irrégularités qui nous les font préférer aux briques industrielles. S'il est toujours pratiqué, notamment pour les chantiers de restauration, la majorité de la production est industrialisée. La matière première est désormais mécaniquement pressée et poussée dans une étireuse. Il en sort un boudin rectangulaire de terre, parfaitement lissé. On adapte à la sortie de la machine différents moules suivant le résultat souhaité, brique alvéolaire, pleine ou tout autre modèle. Un système de coupe automatique débite les pièces aux dimensions voulues. Il ne reste plus qu'à les porter au séchoir.

Le séchage est une étape essentielle dans la fabrication. L'humidité, nécessaire jusqu'ici, doit maintenant être minutieusement évaporée pour éviter fentes et éclats sous l'action du feu. Jusqu'au XIXe siècle, les briques étaient soigneusement installées à l'extérieur, au printemps pour les protéger du gel. Les ouvriers les

pyramid of Amenemhet III. But the material was fragile and did not resist long enough to the wear and tear of the elements and time. So the bricks forgotten in the sun acquired a greater hardness and longevity. In 2500 BC, in Mesopotamia and in the Indus Valley, the firing was perfected. Placed in the kiln, the brick acquires sufficient hardness to establish a real architecture.

The Luxury of Terracotta

With the firing specific moulding and glazing techniques also appeared, opening the way to ornamentation. In Mesopotamia already the monuments were being faced with mythical animals made in glazed bricks. While the Greeks used little glaze, they were fond of earthenware and mastered the use of friezes on façades or antefixes. Under their influence, the Etruscans adopted this decorative art. Perpetuated since distant times, this reached its peak in the 15th century, particularly in the north of Italy. Garlands,

Four à bois,
Tarn,
XIXe siècle

Four au gaz contemporain.

De longues heures et une grande expérience sont nécessaires pour empiler patiemment les centaines de briques crues dans les fours. Chaque brique a sa place, prédestinant sa robustesse et son usage. Plus ou moins soumise à l'intensité du feu, elle sera foraine prestigieuse ou brique courante. Ce spectaculaire assemblage une fois effectué, les feux intenses brûlent des heures durant et il faut encore attendre deux à trois jours que le four refroidisse, livrant enfin la brique achevée.

Long hours and a great experience are needed to patiently pile up hundreds of green or air-dried bricks in the ovens. Each brick has its place: depending on the intensity of the fire where it will be exposed, its sturdiness and its usage will be different, from the prestigious foraine to the ordinary brick. This spectacular assembly once carried out, the fires burn for hours and then one must wait two to three days for the kiln to cool down, finally delivering the finished brick.

Four traditionnel.

exposaient au vent tout en les abritant du soleil et de la pluie, souvent à l'aide de clayettes de paille. Après idéalement 2 à 3 mois de séchoir, la brique est enfin prête pour la cuisson.

Longtemps les adobes, briques de terre séchée, suffirent à la construction des habitations et même de la pyramide d'Amenemhet III. Mais le matériau reste fragile et ne résiste pas assez à l'usure des éléments et du temps. Or les briques oubliées au soleil acquerraient une dureté et une longévité supérieures. En 2500 av. J.-C., en Mésopotamie et dans la vallée de l'Indus, on met au point la cuisson. Passée au four, la brique acquiert une dureté suffisante pour établir une véritable architecture.

Avant de maîtriser la terre cuite, on utilisait la brique elle-même, tantôt taillée, comme ci-contre, exemple magnifique des merlons de l'hôtel d'Assézat, tantôt posée en épi, en diagonale, en saillies ou en assises alternées, pour obtenir un effet décoratif.

The builders used the brick itself, sometimes cut, sometimes in herringbone pattern, in diagonal, in overhang or in alternate courses, so as to obtain a decorative effect.

Luxe de terre cuite

Avec la cuisson apparaissent aussi les techniques de moulage spécifique et d'émaillage, ouvrant la voie à l'ornementation. En Assyrie déjà les monuments se parent d'animaux fabuleux, réalisés en briques émaillées. Si les Grecs utilisaient peu l'émail, ils étaient friands de la terre cuite et maîtrisaient l'usage des frises de façades ou *antéfixes*. Les Étrusques, sous leur influence, adoptent cet art décoratif. Perpétué depuis l'Antiquité, il atteint son apogée au XVe siècle, particulièrement dans le nord de l'Italie. Guirlandes, monstres, conducteurs de chars et festons abondaient, au détriment de la mode des parements de pierre.

Il faudra un siècle pour que la mode arrive en France. Par contre, dans la région toulousaine, il se limita longtemps à de petits modillons et autres moulures simples ou en rosace pour occulter les claustras d'aération des greniers.

monsters, chariot drivers and festoons were abundant, to the detriment of the fashion for stone facings. It was to be a century before the fashion arrived in France.

On the other hand, in the region of Toulouse, it was for a long time limited to small modillons or brackets and other plain mouldings or in rosettes to conceal the aeration claustras of lofts. The builders used the brick itself, sometimes cut, sometimes in herringbone pattern, in diagonal, in overhang or in alternate courses, so as to obtain a decorative effect. But cutting brick, whatever the art of the workman, was restricted to the cutting of limited elements.

The 18th century saw the decorative fashion spread gently to the Midi Toulousain. Heads in terracotta decorated the keystones of openings, doorways or windows. They were the work of sculptors and these unique decorations were the prerogative for town houses, mansions and castles. In 1830, everything was turned upside down. With Auguste Virebent

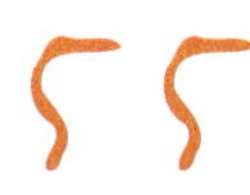

Génial artisan, Auguste Virebent réalisa aussi de superbes émaillages, visibles par exemple, à l'église de la Daurade, ornant le tympan de l'église de la Dalbade (ci-contre) ou de magnifiques griffons, à Aucamville (ci-dessous).

The brilliant artisan, Virebent also made superb enamelling, visible for example in the church of the Daurade or as shown opposite, decorating the tympanum of the church of the Dalbade or as shown above, a splendid griffon at Aucamville.

Les constructeurs utilisaient la brique elle-même, tantôt taillée, tantôt posée en épi, en diagonale, en saillies ou en assises alternées, pour obtenir un effet décoratif. Mais la taille de la brique, quel que soit l'art de l'ouvrier, se limite à la découpe d'éléments restreints. Le XVIIIe siècle voit la mode décorative s'étendre doucement au Midi Toulousain. Les têtes de terre cuite habillent les clefs de voûtes des ouvertures, portes ou fenêtres. Œuvres de sculpteurs, ces décors uniques sont l'apanage des hôtels particuliers, des maisons de maître et des châteaux. En 1830, tout bascule. Avec Auguste Virebent s'ouvre l'âge d'or des folies ornementales. Génial architecte briquetier, il inventa d'abord un système de presse pour mécaniser la fabrication des briques. Bien qu'encore utilisé dans

opened the golden age of ornamental follies. Brilliant architect/brickmaker, he first of all invented a system of press to mechanize the making of bricks. Although still used in certain industrial brickworks, it is not however for this that his name has gone down in history in the hearts of the inhabitants of Toulouse. Wishing to satisfy the increasing demand, he perfected a unique system of industrial realization of earthenware/terracotta ornaments - the plinthomonie. The first secret is in the paste. It must be fairly fine so that it sticks to the wall correctly and resist the bad weather. To do this, Virebent invented a leafing of two pastes, one on the surface, fine and solid, and the second underneath rougher and less expensive. Remained the problem of patterns. He employed sculptors in the creation

Le sculpteur Jean Goujeon réalisa au XVIe siècle quatre superbes cariatides, pour décorer la salle des Gardes suisses du Louvre, à Paris. L'atelier Virebent obtint l'autorisation exceptionnelle de les reproduire et on peut ainsi les admirer à Montauban, sur la façade de l'ancien hôtel des Postes, et à Toulouse, rue des Marchands ou allées Jean-Jaurés (ci-contre).

Auguste Virebent even obtained the authorization to reproduce for a site the famous caryatids from the Louvre, carved by Jean Goujeon. The success was such that more than one copy was made and even today one can still see them adorning several façades in Toulouse and Montauban.

On doit aux ateliers Virebent et Giscard une foison de décoration de terre cuite.
Les corniches ou *antéfixes*, destinées à masquer les gouttières inesthétiques, rivalisent d'invention dans les décors des façades du Midi Toulousain.

Virebent and Giscard have given us an abundance of earthenware decoration. The cornices or antefixes vie with invention in decoration.

Détail de fontaine,
place des Tiercerettes, Toulouse

certaines briqueteries industrielles, ce n'est pourtant pas pour cela que son nom est passé à la postérité dans le cœur des Toulousains. Désireux de satisfaire une demande grandissante, il met au point un système unique de réalisation industrielle d'ornements en terre cuite, la plinthomonie. Le premier secret est dans la pâte. Elle doit être à la fois assez fine, pour pouvoir être convenablement plaquée au mur, et résistante aux intempéries. Pour cela, Virebent invente un feuilletage de deux pâtes, l'une en surface fine et solide, et l'autre dissimulée, plus grossière et moins chère. Reste le problème des motifs. Il employa les sculpteurs à la création d'emporte-pièce, reproduisant à l'infini chaque œuvre. Ainsi, de colonnes en corniches, de chapiteaux en statues, un choix considérable est proposé au public. Il obtint même l'autorisation de reproduire pour un chantier, les fameuses cariatides du Louvres, sculptées par Jean Goujeon. Le modèle remporta un vif succès et plus d'un exemplaire fut exécuté. On peut encore aujourd'hui les voir agrémenter plusieurs façades de Toulouse et de Montauban. L'engouement pour les terres cuites est tel que Jean-Baptiste Giscard, un des contremaîtres des ateliers Virebent, s'établit à son tour, pour répondre à toutes les demandes. Si les deux ateliers ont maintenant malheureusement fermé leurs portes, quelques briquetiers de la région perpétuent ce savoir-faire unique.

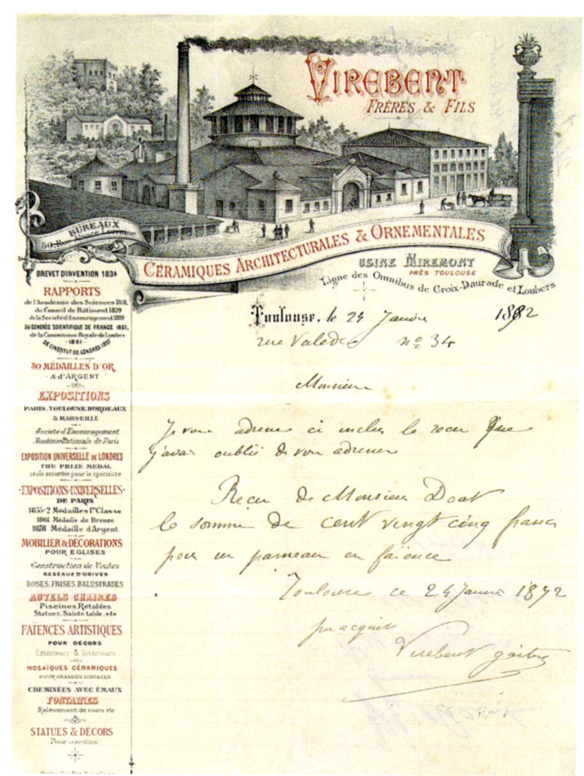

VIREBENT
FRÈRES & FILS
BUREAUX
CÉRAMIQUES ARCHITECTURALES & ORNEMENTALES
USINE MIREMONT
PRÈS TOULOUSE
Ligne des Omnibus de Croix-Daurade et Loubers

BREVET D'INVENTION 1831
RAPPORTS
de l'Académie des Sciences 1831,
du Conseil de Bâtiment 1839
de la Société d'Encouragement 1839
du Congrès Scientifique de France 1851,
de la Commission Royale de Londres
1851
de l'Institut de Londres 1857
30 MÉDAILLES D'OR
& D'ARGENT
EXPOSITIONS
PARIS, TOULOUSE, BORDEAUX
& MARSEILLE
Société d'Encouragement
Académie Nationale de Paris
EXPOSITION UNIVERSELLE DE LONDRES
THE PRIZE MEDAL
seule accordée pour la spécialité
EXPOSITIONS UNIVERSELLES
DE PARIS
1855 2 Médailles 1re Classe
1861 Médaille de Bronze
1878 Médaille d'Argent
MOBILIER & DÉCORATIONS
POUR ÉGLISES
Construction de Voûtes
RÉSEAUX D'OGIVES
ROSES, FRISES, BALUSTRADES
AUTELS, CHAIRES
Piscines, Rétables
Statues, Sainte table, etc
FAÏENCES ARTISTIQUES
POUR DÉCORS
Extérieurs & Intérieurs
MOSAÏQUES CÉRAMIQUES
POUR GRANDES SURFACES
CHEMINÉES AVEC ÉMAUX
FONTAINES
Relèvement de murs etc
STATUES & DÉCORS
Pour Jardins

Toulouse, le 24 Janvier 1892
rue Valade n° 34

Monsieur

Je vous adresse ci inclus le reçu que j'avais oublié de vous adresser

Reçu de Monsieur Doat la somme de cent vingt cinq francs pour un panneau en faïence

Toulouse ce 24 janvier 1892

pour acquit
Virebent gérant

of cutting dies, reproducing each work ad infinitem. In this way, columns with cornices or capital sculpture - a considerable choice is proposed to the public. He even obtained the authorization to reproduce for a site the famous caryatids from the Louvre, carved by Jean Goujeon. The success was such that more than one copy was made and even today one can still see them adorning several façades in Toulouse and Montauban. The craze for terracotta was such that one of their foreman Jean Baptiste Giscard set up on his own to meet all the demands. While the two workshops have unfortunately now closed down, several brickmakers of the region are perpetuating this unique savoir-faire.

Brique contemporaine

Brique contemporaine

Contemporary brick

Briquetier, un métier intemporel

Plaque en terre cuite, commémorative du centenaire de la briqueterie Capelle.

Plaque commemorating the Centenary of the Capelle brickworks.

Le geste est millénaire. Chaque pays, chaque contrée, au gré de l'évolution des civilisations, l'a adapté, organisé, puis industrialisé.

Autrefois le *carronier*, artisan itinérant, se rendait de villages en fermes pour façonner sur place les briques demandées. Mais pour les chantiers plus importants, les briqueteries étaient de vraies fourmilières où des ouvriers spécialisés, des apprentis et de jeunes enfants, accomplissaient leurs tâches assignées, aux noms évocateurs. Les *marcheurs* et *batteurs* préparaient la terre que les *hotteux* portaient ensuite au tombereau ou *bojo*. Puis le *mouleux*, l'ouvrier le mieux rémunéré, avait la lourde charge d'assurer le moulage des tuiles planes que les *pourteux* emportaient au séchoir. Là, l'ordonnance des briques était confiée aux *halliers* ou *enhayeurs*. Restaient aux *briqueteurs* la charge de la

Brickmaker, a timeless trade

The gesture is age-old. Each country, each region, according to evolution of civilizations, have adapted, organized and then industrialized the gesture.

In the past, the carronier, itinerant craftsman, went from village to farms to fashion the bricks required in situ. But for the more important sites, the brickworks were real anthills teeming with qualified workers, apprentices and young children who carried out their assigned tasks with graphic names. The marcheurs and batteurs prepared the earth that the hotteux then carried to the cart or bojo. Then the mouleux, the best paid worker, had the considerable responsibility of ensuring the moulding of the plain flat tiles that the pourteux carried to the drier. There arrangement of the bricks was entrusted to the halliers or enhayeurs. Remained the briqueteurs or bricklayers who were responsible for the construction, the supply and loading of the kiln. For centuries the brickworks

construction, l'alimentation et le chargement du four. Ainsi pendant des siècles s'organisèrent les briqueteries, bien qu'elles ne portassent pas encore ce nom. Longtemps en effet on confondra cette activité avec les tuiliers, mêlant jusqu'au XIXe siècle dans le nom générique de Tuilerie ces deux applications de l'art de la terre et du feu maîtrisé.

Les grandes briqueteries apparaissent avec la révolution industrielle. Avec les transports routiers et ferroviaires, l'activité peut se regrouper en un seul lieu. Elles s'organisent, s'étendent et englobent les multiples tuiliers installés dans les campagnes. Les besoins sont immenses, on peut travailler plus de dix sept heures par jour pour pétrir, mouler, sécher les milliers de briques, soumises à d'intenses feux permanents. Les fours à charbon, inspirés de la sidérurgie, s'agrandissent et les

were organized in this way, although they do not still bear this name. For a long time in fact this activity was to be confused with the activity of tilemakers, until the 19th century mixing up under the generic name of Tuilerie these two applications of the master art of earth and fire.

The large brickworks appeared with the Industrial Revolution. With road and rail transport the business could be grouped in one single place. The brickworks became organized, spread and covered the large number of tilemakers installed in the countryside. The needs were enormous, one can work more than seventeen hours a day to knead, mould and dry the thousands of bricks, subjected to permanent intense fires. The coal furnaces, inspired by the iron and steel mills, became bigger and the huge chimneys needed for the draught, rose up. The manufacture stages are accelerated, investigating all the techniques in order to

Les feux des briquetiers s'agrandissent, inspirés des grands fours à charbon de la sidérurgie, et d'immenses cheminées s'élèvent, surprenantes constructions de briques.

The coal furnaces, inspired by the iron and steel mills, became bigger and the huge chimneys needed for the draught, rose up.

immenses cheminées, nécessaires au tirage, s'élèvent. On accélère les étapes de fabrication, cherchant toutes les techniques pour réduire les temps de préparation et de séchage. La région toulousaine affirme sa spécialité et l'on compte alors plus de 170 établissements. À la fin du XXe siècle, on n'en comptait plus qu'une douzaine, mais avec la mécanisation, la production de briques est décuplée. Presque tous ont disparu de nos jours mais fort heureusement, trois familles de briquetiers perpétuent le savoir-faire ancestral de la brique traditionnelle. Depuis plus de cent ans, de père en fils, d'oncle en neveu, les briqueteries Barthe, Capelle et Nagen fabriquent toujours foraines et tuiles canal, décors de terre cuite et carreaux de sol. À chacun sa spécialité, à tous, le même amour de ce travail où la main de l'homme confère cette esthétique inégalable et ces légères irrégularités si essentielles à la beauté de la terre cuite.

Cheminée de la briqueterie Barthe, (ci-contre) Gratens, Haute- Garonne

Originale cheminée carrée de la briqueterie Nagen. (à droite)

reduce preparation and drying time. The region of Toulouse asserted its speciality and at that time there were more than 170 establishments. At the end of the 20th century, there were no more than a dozen, but with mechanization the production of industrial bricks has increased tenfold. Nearly all have disappeared today but luckily enough, three families of brick manufacturers are perpetuating this ancestral savoir faire For more than a hundred years, from father to son, from uncle to nephew, the Barthe, Capelle et Nagen brickworks still make foraines and Roman tiles, earthenware decoration and floor tiles. Each has his own speciality, but for all the same love for this work when the hand of Man confers this unequalled aesthetic quality and the slight irregularities so essential to the beauty of earthenware.

Foraines traditionnelles, moulées à la main, reconnaissables aux irrégularités de leur surface.

Architects and bricks

As soon as the brick was invented, the builders' task was to take advantage and adapt its use to buildings. The area of architecture in brick of the Midi Toulousain covers the Haute-Garonne, around Toulouse, the Tarn around Albi and the Tarn

La brique se prête à toutes les prouesses architecturales. Avec elle les bâtisseurs inventèrent l'art de la voûte et de la coupole, Jouant de l'épaisseur de la brique et du mortier.
Voûtes de la cathédrale Saint-Étienne et célèbre palmier de l'église des Jacobins.

Brick lends itself to all sorts of architectural achievements. Using the thickness of the brick and mortar, the first vaults were createds.
Vaults of the cathedral Saint-Etienne and Jacobin's vault, like a spreading palm.

Des architectes et des briques

Sitôt la brique inventée, les bâtisseurs eurent pour tâche d'en tirer le meilleur parti et d'adapter son usage aux constructions. La zone d'architecture en briques du Midi Toulousain englobe la Haute-Garonne, autour de Toulouse, le Tarn albigeois et le Tarn-et-Garonne montalbanais, avec un empiétement sur le Gers et l'Ariège. Dans la région, les dimensions de la foraine permettent plusieurs appareillages caractéristiques. Selon la largeur de paroi désirée, elle est posée soit en panneresse, la longueur de la brique en façade, soit en boutisse, la longueur étant réservée à l'épaisseur du mur. Les hôtels particuliers sont construits avec le cumul de ces deux techniques, de façon à obtenir une base assez large pour élever les étages. Mais qu'en est-il des grands monuments comme la basilique Saint-Sernin ou la cathédrale Sainte-Cécile? Pour assurer la portance de l'ensemble du bâtiment, rien de plus simple. On élève en parallèle deux murs en boutisse (épais) et l'on comble l'espace qui les sépare selon les cas, de briques communes comme à Saint-Sernin, ou de débris de briques et de galets. Ainsi obtient-on de larges murailles. La brique se prête à toutes les prouesses architecturales. Jouant soit sur l'épaisseur de la brique et du mortier, on créa les premières voûtes et l'art de la coupole dont l'exemple le plus admirable est dans la basilique Sainte-Sophie, à Istanbul.

L'Après Guerre et le modernisme voient la brique céder le pas au béton, au verre et à l'acier. Elle réussit quand même à conserver une petite place dans l'architecture moderne, et des architectes tels que Le

et Garonne region around Montauban, with encroachment in the Gers and the Ariège. In the region, the dimensions of the foraine allow several characteristic appointments. Depending on the width of wall required, it is posed either in paneresse or stretcher bond, the length of the brick on the façade, or in boutisse or header, the length being kept for the thickness of the wall. The town houses are built with a mixture of these two techniques, so as to obtain a fairly wide base on which to raise the storeys. But what if it concerns huge monuments like Saint-Sernin or Sainte-Cécile ? In order to ensure the load-bearing capacity of the building as a whole, nothing easier. One raises two walls in parallel in boutisse (thick) and the space separating the two is filled in, depending on the case, with common or standard bricks as for Saint-Sernin, or with brick rubble and pebbles. In this way wide walls are obtained. Brick lends itself to all sorts of

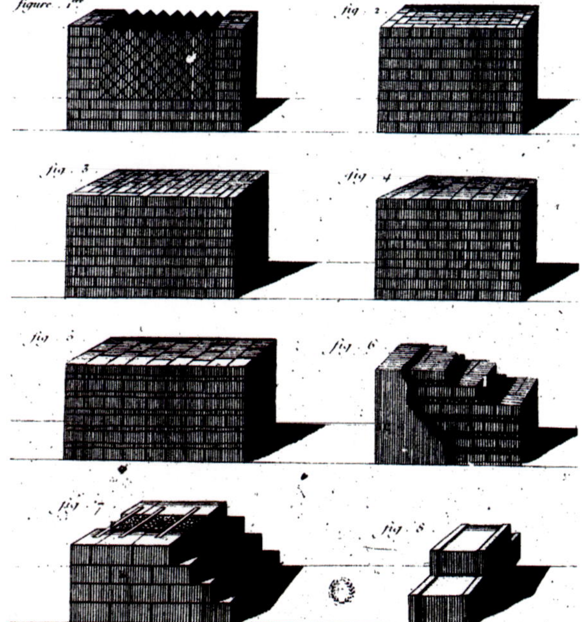

Hôtel de police, Toulouse

Corbusier, Lutyens ou Wright l'utilisent régulièrement. Des techniques révolutionnaires comme les armatures d'acier permettent de se jouer de la brique de nouvelles façons. De couleur rouge, grise ou noire, son design fonctionnel assure la beauté des gratte-ciel américains.

Après quelques décennies d'oubli, les architectes renouent avec le plaisir des produits naturels et sains. Non seulement la brique retrouve ses lettres de noblesse, mais, avec elle, la tuile verte et la terre crue reconquièrent, dans la mouvance de l'architecture bio, les faveurs du public et des créateurs. À Toulouse, avec le souhait de préserver un caractère historique et régional, les bâtisseurs avaient toujours employé des parements décoratifs de brique dans leurs réalisations, tant pour les demeures privées que pour les édifices publics. Mais depuis quelques années, ce matériau historique s'affiche largement dans des réalisations exemplaires d'architectes toulousains, comme l'hôtel de Police, de messieurs Corlouer et Linares ou l'hôtel

architectural achievements. Using the thickness of the brick and mortar, the first vaults were created and the art of the cupola or dome where the most admirable example is in the cathedral of St Sophia in Istanbul.

The post-war period and modernism were to see brick replaced by concrete, glass and steel. It does however succeed in keeping a small place in modern architecture, and architects like Le Corbusier, Lutyens or Wright used it regularly. Revolutionary techniques such as steel reinforcements meant using brick in new ways. Red, grey or black in colour, its functional design gives beauty to the American skyscrapers.

After several decades of oblivion, architects are now reviving the pleasure of natural and healthy products. Not only is the brick finding its intrinsic values once again, but with it the green tile and unfired earth are reconquering the favours of the public and creators in the circles of fundamental architecture. In Toulouse, with the wish to preserve a historic and regional character, builders have always employed decorative brick facings in their realizations, but for private houses as well as for public buildings. But for several years now, this historic material is displayed widely in examples by Toulousain architects, such as the Hôtel de Police, by Messieurs Corlouer and Linares or the Hôtel des Régions, not forgetting the Estrampes architects firm. The future Palais de Justice, the Arche de Marengo and the Théâtre de la Cité are part of this same dynamic.

Théâtre de la Cité,
Toulouse

de Région, du cabinet Estrampes. Le futur palais de Justice, l'arche de Marengo et le théâtre de la Cité s'inscrivent dans cette même dynamique. Entre rénovation et création, Toulouse redevient *ville Rose*. À nouveau sur ses murs flamboie généreusement l'or rouge du Midi Toulousain.

Between renovation and creation, Toulouse is becoming the Pink City again and once more the golden red of the Midi Toulousain blazes profusely on these walls.

Histoire de brique

Brick's story

1 - **Rempart romain,**
rue Bida,
Toulouse,
Ier siècle

2 - **Amphithéâtre de Purpan,**
Toulouse

3 - **Thermes d'Ancely,**
Toulouse

Nous admirons de nos jours nombre de monuments de briques, témoins des grands événements politiques, religieux et économiques de la région toulousaine. Pour mieux les connaître, voici un rappel de la période de construction des plus emblématiques, annoté de quelques événements contemporains.

Today we can admire a number of monuments in brick, witness of great political, religious and economic events in the Toulouse region. In order to know them better, here is a reminder of the construction period of the most symbolic buildings, annotated with several contemporary events.

L'Antiquité

Après presque cent ans de collaboration pacifique, le Consul Cépion annexe Toulouse en -105 av. J.-C. Les Toulousains deviennent citoyens romains et adoptent le droit romain. Au Ier siècle, le premier évêque de la ville saint Saturnin est martyrisé. Il marque le début du christianisme. Dès le Ve siècle, Toulouse compte de nombreux lieux de culte. Après six siècles, la Pax romana s'achèvera avec l'invasion des Francs.

After nearly one hundred years of peaceful collaboration, the Consul Cépion annexed Toulouse in 105 BC. The people of Toulouse became Roman citizens and adopted the Roman Law. In the 1st century, the first bishop of the town, St Saturnin was martyred. This marks the beginning of Christianity in Toulouse

At the end of the 8th century, Charlemagne organized the Empire into states administered by Dukes or Counts. The Toulouse County thus formed was one of the largest. It stretched from the Rhone to the Dordogne and from the Garonne to the Mediterranean. Toulouse was of course the capital. A century later, Charles le Chauve was to

Le Moyen Âge

À la fin du VIIIe siècle, Charlemagne organise l'Empire en états dirigés par des ducs ou des comtes. Le Comté toulousain ainsi formé est un des plus grands. Il s'étend du Rhône à la Dordogne et de la Garonne à la Méditerranée. Toulouse en est bien sûr la capitale. Un siècle plus tard, Charles le Chauve rendra héréditaire la charge de comte de Toulouse.

Au XIe siècle, le pape Urbain II appelle à la première croisade à laquelle se joindra le comte de Toulouse Raymond de Saint-Gilles. Après la prise de Jérusalem, il préféra s'installer en Orient, laissant le comté à son fils. C'est aussi la grande période des pèlerinages de saint Jacques de Compostelle et des milliers de pèlerins sillonnant l'Europe.

2

3

1

make the Count of Toulouse hereditarily responsible.

In the 11th century, Pope Urbain II called for the first crusade which will be joined by the Count of Toulouse, Raymond de Saint Gilles. After the taking of Jerusalem, he preferred to stay in the East, leaving the County to his son.

This was the great period of pilgrimages to Saint-Jacques-de-Compostelle and thousands of pilgrims were crossing Europe. But in the 12th and 13th centuries, the region was going to experience its most painful hours with the crusade against the albigeois. For nearly a hundred years, a ruthless battle was to oppose the Kingdom of France and the Toulouse County, Catholics and Cathars.

Between 1346 and 1453, the Hundred Years' War ruined the countryside. Already weakened by the war, Toulouse had to face a huge fire in 1463, to which Louis XI, visiting Toulouse at the time assisted, helpless. A short time after

4

1 - **Église de la Daurade,**
Toulouse,
Ve siècle puis rebâtie aux IXe, XVIIIe et XIXe siècles

2 - **Saint-Pierre-des-Cuisines,**
Toulouse,
V^{e}, XIIIe, XIVe et XVe siècles

3 - **Cathédrale Saint-Étienne,**
Toulouse,
du XIe au XVIe siècles

4 - **Église de la Dalbade,**
Toulouse,
VIIe siècle, rebâtie aux XIIe, XVe et XVIe siècles

5 - **Collège Saint-Raymond,**
Toulouse,
1080, reconstruit en 1523

6 - **Basilique Saint-Sernin**
Toulouse,
IXe - XIe siècles

5

6

1 - **Cathédrale Sainte-Cécile,**
Albi,
Tarn,
1282-1480

2 - **Cloître de Moissac,**
Tarn-et-Garonne,
1100

3 - **Église Saint-Salvy,**
Albi,
Tarn,
XIIIe siècle

4 - **Hôtel-Dieu,**
Toulouse,
XIIe siècle, façade remaniée au XVIIe siècle

5 - **Ensemble conventuel des Jacobins,**
Toulouse,
1230-1391

6 - **Pont Vieux et palais de l'Évêché, siège actuel du musée Ingres,**
Montauban,
Tarn-et-Garonne,
XVIe siècle

7 - **Collège de Foix,**
Toulouse,
1457

4

5

Mais aux XIIe et XIIIe siècles, la région va connaître ses heures les plus douloureuses avec la croisade contre les Albigeois. Pendant près de cent ans, une lutte impitoyable opposera le royaume de France et le Comté toulousain, les catholiques et les cathares.

De 1346 à 1453, la guerre de Cent Ans ruine les campagnes. Déjà affaiblie par la guerre, Toulouse doit encore faire face en 1463 à un immense incendie auquel Louis XI, alors en visite à Toulouse, assiste impuissant. Peu de temps après se déclare la peste qui ravagera la population.

La Renaissance

Sous l'impulsion de François Ier, la France vit avec la Renaissance une période florissante pour les arts et les lettres. Avec le commerce du pastel et les fortunes colossales qui en proviennent, l'Albigeois et le Midi Toulousain se hissent au rang européen et connaissent une renaissance flamboyante. Cette période heureuse s'achève dramatiquement avec un crack boursier en 1562 et les guerres de Religion. Toulouse connaît aussi des affrontements terribles entre catholiques et protestants. Henri IV mettra fin aux guerres de Religion en 1598.

Après l'assassinat de son père par Ravaillac, Louis XIII succède à Henri IV sur le trône. Son ministre, le

the plague broke out which was to ravage the population.

Under the impulse of Francis I, a flourishing period for the arts and literature with the Renaissance prevailed in France. With the business of the dye and the immense fortunes generated by it, the Albigeois and the Midi Toulousain rose to European rank and lived a flamboyant Renaissance. These happy times ended dramatically with a market collapse in 1562 and the Wars of Religion. Toulouse also experienced terrible confrontations between Catholics and Protestants. Henry IV put an end to the Wars of Religion in 1598

After the assassination of his father by Ravaillac, Louis XIII succeeded Henry IV on the throne. His minister, Cardinal

1

2

1 - **Pont Neuf,**
Toulouse,
sa construction entreprise XVIe siècle sera interrompue par les guerres de religion. Il sera officiellement livré à la ville en 1661.

2 - **Rempart, quartier Saint-Cyprien,**
Toulouse,
début XVIe siècle

3 - **Donjon du Capitole, siège actuel de l'office de Tourisme,**
Toulouse,
1530

4 - **Château de Saint-Élix,**
Haute-Garonne,
XVIe siècle

1 - **Hôtel d'Assézat, actuellement siège de la fondation Bemberg et des sociétés savantes,** Toulouse, XVIe siècle

2 - **Hôtel de Reynes, devenu au XXe siècle siège de la chambre de commerce et d'industrie,** Albi, Tarn, XVIe siècle

3 - **Hôtel de Bernuy, siège actuel du lycée Pierre-de-Fermat,** Toulouse, XVIe siècle

4 - **Maison du Roy, devenue lieu de culte protestant en 1911,** Toulouse, XVIe siècle

5 - **Hôtel d'Ulmo,** Toulouse, XVIe siècle

6 - **Porte de l'arsenal, déplacée au jardin des Plantes en 1886,** Toulouse, 1576

de Richelieu fought relentlessly against the protestants who wished to form an independent republic. Among the nobles who were backing them, the most famous was Montmorency, governor of the Languedoc. Louis XIII and Richelieu came in person to Toulouse for his trial. In spite of tears and wailings from Toulousains, he was condemned to death and was beheaded on 30th October at the foot of the statue of Henry IV, in the courtyard of the Capitole.

Under the reign of Louis XIV, France went through a good period, «the Grand Age», with a remarkable development of the Arts and Literature. Toulouse also has its great men like the patois poet, Pierre Goudouli and Pierre de Fermat, who Pascal described as the world's leading mathematician. The Compagnie du Gay Savoir became

1 - Église Saint-Pierre-des-Chartreux,
Toulouse,
1607-1657

2 - Hôtel de Saint-Jean-de-Jérusalem, siège actuel de la DRAC,
Toulouse,
1668

3 - Place Nationale,
Montauban,
Tarn-et-Garonne,
XVIIe siècle

4 - Canal du Midi, chantier exemplaire assorti de multiples ouvrages, ponts, écluses, maisons d'éclusier…
XVIIe siècle

cardinal de Richelieu lutta impitoyablement contre les protestants qui souhaitaient former une république indépendante. Parmi les nobles qui les soutenaient, le plus célèbre fut le duc de Montmorency, gouverneur du Languedoc. Louis XIII et Richelieu viennent en personne à Toulouse pour son procès. Malgré les pleurs des Toulousains, il fut condamné à mort et eut la tête tranchée le 30 octobre, au pied de la statue d'Henri IV, dans la cour du Capitole.

Le « grand siècle »

Sous le règne de Louis XIV, la France connut une période faste, le « grand siècle », avec un développement remarquable des arts et des lettres. Toulouse aussi a ses grands hommes comme son poète patois, Pierre Goudouli et Pierre de Fermat, que Pascal désigna comme le premier mathématicien du monde. La compagnie du Gay Savoir devient l'académie des Jeux floraux. Le grand œuvre de l'époque est le

creusement du canal du Midi, sous l'impulsion du génial Pierre-Paul Riquet. Ce chantier colossal dura près de vingt ans. Mort en 1680, Riquet fut inhumé à la cathédrale Saint-Étienne.

the Academie des Jeux Floraux. The great task of the time was the digging of the canal du Midi, at the instigation of the brilliant Paul Riquet. This colossal work site lasted nearly twenty years. Riquet died in 1680 and was buried in Saint-Etienne.

1 - Le Capitole, siège de la municipalité,
Toulouse,
en 1760, la réalisation de la façade marque l'achèvement des travaux du bâtiment, entrepris dès le XIIe siècle.

2 - Hôtel de Lafage,
Toulouse,
XVIIIe siècle

3 - Hôtel de Fumel, devenu siège de la chambre de commerce et d'industrie en 1913,
Toulouse,
XVIIIe siècle

4 - Aménagements du quai Lombard, du quai Saint-Pierre et du quai de la Daurade,
Toulouse,
XVIIIe siècle

Du siècle des Lumières à la Révolution

Louis XV le Bien-Aimé succède à son arrière grand-père. C'est le siècle des philosophes comme Montesquieu, Rousseau, Diderot et Voltaire. L'affaire Calas bouleverse Toulouse. Marchand drapier protestant, le père Calas est accusé d'avoir assassiné son fils cadet, pour l'empêcher de devenir catholique comme son frère aîné. Condamné, il subit le supplice de la roue place Saint-Georges avant d'être étranglé. Il sera réhabilité par Voltaire.

Peu de temps avant la Révolution, l'archevêque toulousain Loménie de Brienne contribue à l'embellissement de Toulouse. Devenu ministre de Louis XVI, il obtient la suppression des corvées, avant d'être remplacé par Necker. Avec la République, la province du Languedoc disparaît et Toulouse devient chef-lieu du département de la Haute-Garonne nouvellement créé.

Louis XV le Bien Aimé succeeded his great-grandfather. This was the century of philosophers like Montesquieu, Rousseau, Diderot and Voltaire. The Calas affair shattered Toulouse. Protestant cloth maker, Father Calas was accused of having assassinated his youngest son to prevent him from becoming Catholic like his elder brother. Condemned, he was subjected to the torture of the wheel, place Saint-Georges, before being strangled. He was to be rehabilitated by Voltaire

A short time before the Revolution, the archbishop of Toulouse, Loménie de Brienne contributed to the embellishment of Toulouse. He became minister for

2

3

4

1 - **Aménagement de la place Wilson,**
Toulouse,
1806-1830

2 - **Façades et arcades de la place du Capitole,**
Toulouse,
1811-1850

3 - **Extension du musée des Augustins, côté rue d'Alsace-Lorraine,**
Toulouse,
1896

4 - **Le Bazacle,**
Toulouse,
reconstruit au XIXe siècle

5 - **Chapelle de la Grave,**
Toulouse,
entrepris en 1758, les travaux reprirent après la Révolution. La première coupole de brique fut reconstruite en 1935 et remplacée par une charpente couverte de cuivre.

Le XIXe siècle

En un siècle, la France connaît successivement la Première République, l'Empire, la Restauration, la Monarchie de Juillet, la Deuxième République, le Second Empire et la IIIe République! Cette période est politiquement houleuse et économiquement foisonnante avec la révolution industrielle, même si elle n'a sur Toulouse qu'un impact minime. Plusieurs bâtiments industriels de cette époque enrichiront au XXe siècle le patrimoine de la ville, connaissant une reconversion exemplaire en lieu de culture, comme le Château d'eau, les Abattoirs ou la Halle-aux-grains.

Louis XVI, and is known for the suppression of corvées or statutes labour. He was later replaced by Necker. With the Republic, the province of the Languedoc disappeared and Toulouse became the chief town of the newly created département of the Haute-Garonne.

Within a century, France was to experience successively the First Republic, the Empire, the Restoration, the July Monarchy, the Second Republic, the Second Empire and the Third Republic! A stormy political period and plentiful from the economic point of view with the Industrial Revolution, although it was to0 have little impact on Toulouse.

3

4

1

1 - Halle aux Grains, depuis 1974 une exceptionnelle salle de concerts,
Toulouse,
1862

2 - Halle d'Auvillar
Tarn et Garonne,
XIXᵉ siècle

3 - Église Saint-Aubin
Toulouse,
1847

4 - Château d'eau, devenu Galerie de Photographie en 1974,
Toulouse,
1828

5 - Manufacture des Tabacs, siège de l'Université de Sciences Sociales depuis la fin du XXᵉ siècle,
Toulouse,
XIXᵉ siècle

6 - Les Abattoirs, musée d'art moderne et contemporain depuis 2000,
Toulouse,
XIXᵉ siècle

3

4

5

6

Petit lexique

Adobe : désignant une brique de terre crue, mot d'origine espagnole, bien que d'après certains ouvrages il viendrait de l'arabe *thobe*.

Boue : il s'agit d'une matière molle, épaisse et grasse, que forme la terre en se mêlant à l'eau, à différencier du limon, particules détritiques abandonnées par les rivières en crue, fertilisant apprécié, ou de la glaise, terre grasse, plastique et imperméable, contenant une forte proportion d'argiles, et qui peut être utilisée pour la fabrication de céramiques industrielles (tuiles, briques, etc.).

Brique : mot d'origine néerlandaise *brick*, généralisé à partir du XIXe siècle, signifiant morceau, désigne un parallélépipède rectangle d'argile mêlée de sable, crue ou cuite, et pouvant être manipulé d'une seule main. Par extension, l'usage du mot s'applique aux formes de contenants correspondant aux mêmes critères comme la brique de lait.

La brique adoptée communément mesure, en moyenne, de 20 à 25 x de 10 à 12,5 x de 5,5 à 8 cm.

De nombreux mots sont déclinés de la brique comme :

Briquer : nettoyer avec application, expression issue de l'ancien usage d'utiliser la poudre de brique pour nettoyer.

Briqueterie : le lieu de fabrication des briques.

Briquetier : l'ouvrier qui fabrique des briques et des tuiles.

Briqueteur : désigne l'ouvrier qui édifiait le four de la briqueterie et par extension, les constructions en brique.

Briqueteuse : la truelle de briqueteur.

Chantignole : demi-brique

Foraine : l'étymologie de son nom et sa signification exacte restent confuses et sujettes à polémique. Appelée à l'origine tuile plate ou plane, destinée au mur, en opposition à la tuile canal, destinée à la couverture des toits. Héritée de la brique plate romaine, ses dimensions ont largement évolué au fil du temps. Mais le principe de base est que les dimensions de la longueur et la largeur doivent être des multiples de 7.

La foraine romaine mesure 42 × 28 × 3,5 à 5 cm. L'origine du mot reste controversée, soit désignant les meilleures briques destinées à la façade, soit l'origine de ses briques, venant de briqueteries extérieures au chantier.

Parpaing : de même forme que la brique mais dont la dimension nécessite la prise à deux mains.

Pisé : méthode de construction à base de terre humide, que l'on ne passe pas au crible, les petits cailloux qu'elle contient la renforçant, mise à sécher dans un épais coffrage de bois. Elle permet de construire des murs épais offrant une bonne isolation thermique.

Torchis : matériau de terre et chaume mêlés, permettant une utilisation telle quelle ou en grossière brique moulée.

Paillebart : nom dans le Midi Toulousain du remplissage des murs à colombage, ou corrondage, fait avec un tressage de paille colmaté par de la boue. On obtenait ainsi des murs très solides.

Tuf : type de pierre de couleur grise, formée d'agrégat de cendres volcaniques, la plus fréquemment utilisée par les romains.

Albi,
Tarn

Ahlsell de Toulza Guy, Peyrusse Louis, Tollon Bruno,
Hôtels et demeures du Midi-Toulousain,
Éditions Briand

de Cailleux Alphonse, Taylor J., Nodier Charles,
Les Voyages pittoresques et romantiques dans l'ancienne France,
1833, réédition Loubatières, 1977

Cappolani Jean,
Mémoire de la société Archéologique du Midi de la France,
1998

Casel Thomas, Colzani Joseph, Gardere Jean-François, Marfaing Jean-Loup,
Maisons d'argile en Midi-Pyrénées,
Éditions Privat, 2000

Chabat Pierre,
La Brique et la terre cuite,
Paris, 1881

Chevalier Jean, Gheerbrant Alain,
Dictionnaire des symboles,
Éditions Laffont-Jupiter, 1990

Fabre Jean-Marc, Marfaing Jean-Loup, Schenck Jean-Luc,
Matières brutes au fil de Garonne,
Éditions Accord, 1995,

Fondevilla Henri, Pawlowski Daniel,
Lumières sur la brique en Midi Toulousain,
Éditions Privat, 1992

Kalopissis Théodore,
Le Livre des maisons du monde,
Éditions Gallimard, 1986

Meulenkamp Wim, Plumridge Andrew
La Brique,
Éditions Anthese, 1993

Mesuret Robert,
Évocation du vieux Toulouse,
Toulouse, 1960

Taillefer Michel (*sous la direction de*),
Nouvelle Histoire de Toulouse,
Éditions Privat, 2002

Wolf Philippe,
Histoire de Toulouse,
Éditions Privat, 1974

Le grand Atlas des religions,
Encyclopedia Universalis, 1988

Faron Olivier, Zeller Olivier,
Histoire de l'habitat et histoire urbaine,
Cahiers d'histoire, n° 1999-4

Sarrail Claude,
Terre d'oc richesse naturelle,
Folklore de France, n° 275, 2003

Catalogue de l'exposition Les Moules à pièces Auguste Virebent,
Editions CDRQ, 1984

Catalogue de l'exposition Tuilerie-Briqueterie,
Editions ARIST, Université Toulouse-Le-Mirail, 1986

Métiers des terres cuites XVIIe-XXe siècles,
Nos ancêtres vie et métiers, n° 3, 2003

Crédits photographiques
et sources iconographiques

© Tourisme Médias Éditions
sauf documents suivants :

page	
8	© Photo RMN - Michèle Bellot
11 - 17	© Photo RMN - Gérard Blot
12 - 13 - 63	© Coll. particulière Briqueterie Nagen
20 (frise)	© Photo MSR - Cristelle Nourrit
20 (four à chaux)	© Photo MSR - J-F Peiré
20 (maquette) - 21	© Photo MSR - J. Gloriès
49	© Coll. particulière Briqueterie Capelle
50	© Coll. particulière Briqueterie Barthe
52 - 59 - 62	© Coll. particulière Jérôme Bonhôte
69 (amphithéâtre)	© Photo MSR - J. Castillon
69 (thermes)	© Photo STC - J. Hocine

Cette édition
a été achevée d'imprimer
sur papier couché brillant de 170 g
sur les presses de Grafinter, Andorre
en juin 2004

Dépôt légal deuxième trimestre 2004